特级教师研究书系 编委会

顾　　问：顾明远　陶西平　刘利民　刘　建
　　　　　线联平　方中雄　桑锦龙
主　　编：鱼　霞
编　　委：王　婷　王　峥　申　炜　刘义国　孙　丹　孙　璐
　　　　　李海燕　李一飞　李小红　吴　武　吴　云　林艺茹
　　　　　鱼　霞　孟　佳　郝保伟　夏仕武　高新民　黄　华
　　　　　崔亚超　韩淑萍　赖德信　鲜万标

特级教师研究书系 第二辑

"教学做合一"的践行者
——周国彪教育思想研究

李一飞　王　峥／著

教育科学出版社
·北京·

丛 书 序

"特级教师"是国家为表彰特别优秀的中小学教师（含幼儿教师和中职教师）而设立的一种荣誉称号。在20世纪50年代中期，特级教师制度有了雏形。1956年，为解决中小学教师工资待遇低的问题，北京市进行了教育事业工资改革，评选出了一批中小学特级教师，提请当时的中央人民政府政务院审查批准，并在工资待遇方面给予这些特级教师以特别提升，截至1966年，北京市共评出了特级教师40余名。之后，评审活动由于"文化大革命"而停止。① "文化大革命"结束后，在1978年4月召开的全国教育工作会议上，邓小平同志指示："要研究教师首先是中小学教师的工资制度。要采取适当的措施，鼓励人们终身从事教育事业。特别优秀的教师，可以定为特级教师。"② 同年10月，教育部和原国家计委联合颁布了《关于评选特级教师的暂行规定》（以下简称《暂行规定》）。颁布《暂行规定》，是为了提高教师的政治地位和社会地位，增强教师的光荣感、责任感，使他们能长期坚守教育工作岗位，我国从此正式建立了特级教师评选制度。1993年1月10日，原国家教委对《暂行规定》进行了修订，颁布了《特级教师评选规定》（教人〔1993〕38号，以下简称《规定》）。在《规定》的第二条指出："'特级教师'是国家为了表彰特别优秀的中小学教师而特设的一种既具先进性，又有专业性的称号。特级教师应是师德的

---

① 《中国教育事典》编委会.中国教育事典：初等教育卷 [M].石家庄：河北教育出版社，1994：268.

② 邓小平.在全国教育工作会议上的讲话 [M]//邓小平.邓小平文选：第二卷.2版.北京：人民出版社，1994：109.

表率、育人的模范、教学的专家。"由此,我国的特级教师制度日趋完善。

透过我国特级教师评选制度建立的历史沿革,我们可以看到,特级教师评选制度从最初为解决中小学教师待遇问题而仅限于北京市的"一种非制度性的评选活动"[1],到作为一种全国性规范制度的正式建立、完善和进一步发展,至今已有50多年的历史。1978年改革开放以来,我国的政治、经济、文化、教育特别是师资水平都发生了巨大的变化,相应地,特级教师评选制度也得到了逐步的发展和完善。特级教师评选制度在全国各省市、自治区的实践表明:特级教师制度对调动教师积极性,提高教师社会地位,改善教师的待遇确实起到了积极作用;也让中小学教师中一批特别优秀的教师脱颖而出,成为进行教育教学改革实践、提高教育教学质量的领军人物。因此,"特级教师"往往被我国中小学教师视为其职业生涯的最高荣誉,也成为广大中小学教师所向往和追求的目标。

随着特级教师评选制度的建立与实施,特级教师研究已成为教育研究的一个新领域。30多年来,很多专家、学者以及特级教师本人都在积极探索特级教师成长的规律,总结特级教师的教育教学思想,对特级教师经验开展个案研究,探讨特级教师标准与特级教师评选制度等。这些研究对特级教师的经验作了许多概括,取得了显著的成效,也提出了不少具有实用价值的建议。但同时我们也看到,由于特级教师研究起步晚、关注度相对不高,其研究成果的水平和质量与人们的期待还有较大的差距。总体来说,特级教师研究还存在研究内容单一、研究方法简单、研究水平有限、研究视野较窄等问题,在研究的许多方面都有待深入探讨。

为了更好地总结北京市特级教师的成长规律,提炼特级教师先进的教育思想和教学理念,提升北京市中小学教师的专业发展水平,推动北京市中小学教师队伍建设,培养一批国内知名的中小学名师,造

---

[1] 王芳,蔡永红. 我国特级教师制度与特级教师研究的回顾与反思 [J]. 教师教育研究,2005 (6):41-46.

就一批教育家，北京市教育委员会于2008年开始设立了"北京市特级教师推广计划"专项研究项目，委托北京教育科学研究院教师研究中心具体负责实施该项目。项目组精心组织了研究团队，成立了《特级教师研究书系》丛书编委会，并决定陆续出版该项目的特级教师研究成果。

　　项目组根据北京市教育委员会的要求，设计了统一的研究思路与研究方法，确定了研究的内容。项目组为每一位入选的特级教师组织成立了独立的子课题组，并确定了总访谈提纲，在总访谈提纲下，各个子课题组根据研究对象的特点适当调整具体的、富有操作性的访谈提纲。在研究方法上，项目组主要采用了生活史的研究方法。这种生活史的研究方法认为，教师过去所经历的一切生活内容，会慢慢发展成为足以支配教师日后思考与行为的"影响史"。在探讨特级教师的专业成长史时，项目组没有直接从普遍知识、专业技能角度出发去探寻特级教师成长、发展的普遍规律，而是从特级教师个人的生活史出发，将其作为研究与解读他们专业成长的重要视角；重视这些特级教师专业成长的个人生活根源，关注他们个人的经验、情绪、价值在成长中的重要作用。同时，项目组也结合了大量的第一手访谈资料以及特级教师本人的相关文本文献和视频资料等来进行研究。我们从国家对特级教师的界定和要求出发（即特级教师是师德的表率、育人的模范、教学的专家），将对特级教师的研究划分为四个维度：成长史、教育教学（管理）思想、师德和影响力。这四个维度构成了我们研究特级教师的主要内容。丛书中的每一本专著都是以上述四个方面的内容来呈现研究成果的。

　　我们衷心希望，项目组的研究成果能够从一个新的视角探寻特级教师成长的规律与机制，推动特级教师研究的不断深入，提升特级教师研究的质量；同时，我们也期待《特级教师研究书系》的出版，能对首都及全国广大中小学教师的专业成长具有一定的启发意义！

"北京市特级教师推广计划"项目组
2009年9月10日

目录

引言 ·· 1

成长：一分成长，九十九分感激

一、青少年阶段：感恩 ··· 4
  （一）感恩父母：含辛茹苦，没齿难忘 ························· 4
  （二）感恩老师：深入浅出，受益终身 ························ 11
  （三）感恩祖国：千载难逢，开阔视野 ························ 16
  （四）感恩劳动：艰苦环境，磨炼意志 ························ 24

二、初为人师：转变 ·· 27
  （一）职业理想转变：从外交家到"孩子王" ···················· 27
  （二）教学内容转变：从教西班牙语到教英语 ·················· 29
  （三）职业认同转变：从思想波动到专心从教 ·················· 31
  （四）学生观的转变：从"糊涂先生"到"爱满天下" ·············· 36

三、成为骨干：飞跃 ·· 39
  （一）伯乐周伯年校长：为腾飞插上翅膀 ······················ 40
  （二）语言水平飞跃：在美国做访问学者 ······················ 42

（三）教学能力飞跃：形成"严、活、实"的教学风格 …… 50
四、评为特级：引领 ………………………………………… 55
　（一）观念引领：走继承和创新相结合的有效教学之路 …… 55
　（二）教研组引领：发挥整体优势，形成学科特色 ………… 60
　（三）特级教师工作室引领：交流、合作、发展、共赢 …… 64
五、小结：成为学者型教师 ………………………………… 68

> 思想：以人为本、以学为本、
> 　　　因学论教、教学做合一

一、教学思想概述：陶行知教育思想在中学英语教育领域的
　　继承与发展 …………………………………………… 78
　（一）教学的宗旨：以人为本 ………………………………… 81
　（二）教学的根基：以学为本 ………………………………… 85
　（三）教学的依据：因学论教 ………………………………… 91
　（四）教学的方法：教学做合一 …………………………… 102
　（五）重视汉英对比 ………………………………………… 106
　（六）重视学文化 …………………………………………… 114
　（七）周氏语言美学 ………………………………………… 115
　（八）教改心得 ……………………………………………… 120
二、教学思想实践：卓有成效的教学方法 ………………… 129
　（一）如何教词汇 …………………………………………… 129
　（二）如何教句子 …………………………………………… 135
　（三）如何教语法 …………………………………………… 141
　（四）如何设计教学 ………………………………………… 147
　（五）如何使用教材 ………………………………………… 155
　（六）如何组织课堂教学 …………………………………… 158
　（七）如何准备高考 ………………………………………… 163

三、小结：成为有魅力的英语教师 ················ 172

师德：捧着一颗心来，不带半根草去

一、为师理想：为一大事来，做一大事去 ············ 179
    （一）诚：我的事业在中国 ······················ 179
    （二）勤：学而不厌，诲人不倦 ·················· 181
    （三）实：踏实任教数十载 ······················ 182

二、为师精神：爱满天下 ·························· 183
    （一）诚：真正把学生当成主体 ·················· 183
    （二）勤：兢兢业业教学生，呕心沥血带徒弟 ······ 185
    （三）实：时刻问自己"学生能接受吗？" ·········· 189

三、为师修养：以教人者教己，在劳力上劳心 ········ 190
    （一）诚：宁为真白丁，不做假秀才 ·············· 191
    （二）勤：教师好好学习，学生天天向上 ·········· 191
    （三）实：甘为"人中人" ························ 193

四、小结：成为坚持每天"四问"的教师 ·············· 194
    （一）第一问：我的身体有没有进步 ·············· 194
    （二）第二问：我的学问有没有进步 ·············· 195
    （三）第三问：我的工作有没有进步 ·············· 196
    （四）第四问：我的道德有没有进步 ·············· 197

影响力：天天是创造之时，处处是创造之地，人人是创造之人

一、导演周国彪 ·································· 200
    （一）教师如导演 ······························ 201
    （二）学生如演员 ······························ 202
    （三）课本如剧本 ······························ 202

（四）星光璀璨 …………………………………………… 203
二、学者周国彪 …………………………………………… 205
三、领路人周国彪 ………………………………………… 207
四、群众代言人周国彪 …………………………………… 209
五、小结：成为陶行知所推崇的"第三种教师" ………… 210

附　录

附录1：主要社会兼职 …………………………………… 213
附录2：部分省部级出版物正式发表的论文、特约撰稿 … 214
附录3：部分获奖论文及承担科研课题 ………………… 216
附录4：主要教学著作 …………………………………… 218
附录5：主要荣誉称号 …………………………………… 219

引　言

　　周国彪的经历很独特，甚至可以说充满传奇色彩。其中，对他的人生产生重大影响的事件，可以概括为："**一桩美满婚姻**"：他有缘成为伟大教育家陶行知的孙女婿。陶家家规严明，周国彪没有因为与陶行知沾亲带故而在名利方面沾光，但是陶行知的教育思想和品格却时刻影响着周国彪，让他深感受益无穷。"**两次公派出国**"：高中毕业被国家公派到古巴哈瓦那大学学习西方语言文学；20世纪90年代初作为访问学者，由教育部公派赴美一年。两次公派出国经历对于同龄人和同时代人来说都是非常难得的，这其中有伯乐相助，但更重要的是个人的能力与努力。"**三次转变志向**"：周国彪最初的人生理想并不是成为一名人民教师，他的志向几经转折。从中学时代立志成为船舶建造专家，到被国家选拔为外交后备人才；从一心想做外事工作到站稳三尺讲台；从教西班牙语到教英语。这些转变中有命运安排的无奈，也有他个人奋斗的艰辛。

　　回首这些独特的经历，周国彪感慨地说："我的成长离不开社会，离不开国家。国家给了我这么多机会，给了我这么多平台，甚至把独一无二的机会给了我，太值得珍惜了。是这个社会、这个时代选择了我，把这些资源、机会和力量加在我的身上，需要我去珍惜，需要我去奋斗。真是无比自豪、无比感激！感激之余，便是十二分的投入、十二分的努力、十二分的奉献和报答。"

　　诚心感激让他找到了勤奋的力量和成长的方向。当2001年他站在北京会议中心大礼堂的舞台上接过市政府颁发的特级教师证书时，他终于用这种特殊的方式，证明了他的成长，回报了关心和支持他的人们。

参加 2001 年特级教师大会留影（左）

对社会事业而言，发展是硬道理；对个体生命而言，成长是硬道理。周国彪始终用成长来表达自己内心的感激。他不断地继承和创新，不断地发挥自己的潜能，拓展生命的空间，因为他明白，成长是无止境的。应该说，他是在勤奋、感激、成长的状态中一路走过来的。他的每一步都在践行陶行知的教诲"人生为一大事来，做一大事去"。

成长：
一分成长，九十九分感激

一、青少年阶段：感恩

> 我心里一直有感恩的思想。自幼家境不富裕，中学享受国家减免学费的优惠政策，国家两次选送我出国留学……我一切的一切基本上都是国家给的。一个人要有感恩之心。
>
> ——周国彪

感恩是一种处世哲学，是生活中的大智慧。感恩，使我们在失败时看到差距；在不幸时得到慰藉；在疲惫时获取前进的动力。感恩是一切良好非智力因素的精神底色，感恩是学会做人的支点。对生活时时怀有一份感恩的心情，则能使自己永远保持健康的心态、完美的人格和进取的信念。

（一）感恩父母：含辛茹苦，没齿难忘

周国彪1946年出生在上海。父亲是水产公司的营业员，母亲是家庭妇女，他还有一个姐姐和两个妹妹。周国彪的父母都是贫农出身，没有接受过多少教育。他们没有教给周国彪太多书本上的知识，但是他们淳朴的性格无时无刻不感染着周国彪。他们教导周国彪要勤奋、诚实，对人宽，对己严。这些成为周国彪终身恪守的做人的准则。

1. 勤奋努力，积极进取

周国彪父亲的童年很艰辛。七岁时父母双亡，致使他过早担起生活的重任。早晨天蒙蒙亮，他就要上山砍柴，然后下地耕作一整天，晚上除了忙家务，还要照顾年迈的姥姥。直到十七岁，周国彪的父亲才到上海谋生，凭借自己的吃苦耐劳成为上海水产公司的营业员并在上海定居。

艰辛的生活经历让周国彪的父亲深刻认识到，人要想在社会上立

足，就要有一技之长。这一技之长不是老天赐予的，不是别人给予的，必须是通过自己努力拼搏获取的。人不能有依靠的思想，靠人人老，靠山山倒。因此，他父亲经常告诫他们："你们今后要想事业有成，决不能靠父母，要靠自己好好地学本领。"

周家全家福

周国彪是家中唯一的男孩子，他的父亲更是对他寄予厚望。从为周国彪所起的名字中，就可以感受到他父亲的良苦用心。按照家谱，周国彪应该排"敬"字辈，他父亲却将周国彪名字中间一个字定为"国"，这是因为，周国彪的父亲经历了旧中国向新中国的转变，他认识到只有国家富强，人民才能安居乐业，因此他希望自己的孩子能够心中时刻有祖国，以报效国家为己任。但是只有爱国的信念不行，还要有本领、有行动。因此父亲将姓名的第三个字定为"彪"。"彪"字在《辞海》中主要有三个含义：①虎身斑纹，引申为有文采；②小老虎；③比喻人躯干壮大。父亲希望周国彪能够虎虎有生气，既有健康的体魄，又有出众的文采，能开创出属于自己的一片天地。

周国彪没有辜负父亲的期望。他在初中时就明确了自己未来发展的志向，但这志向却并不是当一名人民教师，而是成为船舶专家。上海地处长江入海口，船舶制造业发达。看着黄浦江上往来的船只，听着一声声汽笛悠扬地在耳边回响，周国彪自幼就对船舶制造产生了浓厚的兴趣。上学后，由于周国彪品学兼优，动手能力强，在物理老师的推荐下，他初中时就参加了上海市无线电航模俱乐部的课外活动。在制作无线电遥控模型船的过程中，他将书本知识与实践相结合，感到学有所用，其乐无穷。逐渐地，他不再满足于用无线电遥控一米长的战舰、巡洋舰和驱逐舰的模型，他立志要成为船舶专家，看着自己建造的巨轮在海洋上乘风破浪。当时只有上海交通大学有船舶制造专业，于是上海交通大学就成为他日思夜想的圣地，船舶制造专业成为他努力的方向。

周国彪的求学之路并不是一帆风顺的。初中毕业时，周国彪成绩优异，能够顺利考入重点高中。但是在父亲眼中，上高中是件非常奢侈的事情。因为高中是学历教育不是职业教育，毕业后没有一技之长，很难找工作。另外，上高中，就要上大学，还要为周国彪再投入七年的学费，这让周国彪的父亲感到有些力不从心。周国彪一家六口，全靠父亲一个人挣钱养家，家境并不宽裕。父亲希望周国彪能够报考中专，尽早参加工作，分担家庭重担。周国彪不愿放弃自己的理想，他反复向父亲说明自己的志向，认为自己大学毕业后，在船舶制造方面能够走得长远，前途更光明。周国彪的班主任也经常来家里做工作，她认为周国彪是学习的好苗子。老师还为周国彪争取到高中阶段减免学费的指标。终于，父亲感动于周国彪的执着和老师对自己孩子的爱惜，同意周国彪继续高中学业。

继续学习的机会如此来之不易，这让周国彪更加珍惜高中的每一天，他认为自己的点滴付出，都在拉近他与上海交通大学的距离，都在拉近他与船舶专家梦想的距离。于是，他更加勤奋地学习，成绩一直名列年级前茅。

2. 严于律己，宽以待人

周国彪的母亲是家庭妇女，终日为丈夫和孩子们操劳。她为人厚道，跟邻里处得十分和睦。她对周国彪的学业没有过高要求，儿子考好了，她会叮嘱他要戒骄戒躁，继续努力；儿子偶尔失误了，她会鼓励他要认真分析错误，从头再来。但是在与人交往方面，他母亲的管束很严,她始终秉持"对人宽,对己严"的理念教导他们。

如果周国彪跟邻居家的孩子吵架,只要周妈妈知道了,无论谁有理,必定要先训斥自己的儿子,让他给对方道歉。周国彪很不服气,明明是对方错了,为什么要他道歉。周妈妈却教导儿子,无论谁对谁错,吵架就是错误的。再说,一个巴掌拍不响,如果你没有处事不当的地方,怎么会吵起来。

母亲的教导其实蕴含了深刻的道理,这就是社会心理学所说的归因理论。所谓归因[①](attribution)是指人们对他人或自己行为原因的推论过程。具体地说,就是观察者对他人或自己的行为过程所进行的因果解释和推论。归因分为内归因和外归因两种。同一种行为,外归因者把它看作是由外部力量引起的必然结果,他们忽视自己的努力,相信运气和命运,认为外部力量是行为成败的主要原因;内归因者则认为行为是由自己的品质引起的,他们相信自己的努力或智力等内部因素是决定行为成败的主要原因,因而在行为上会表现出更加坚定自信心和更加勤奋努力。因此内归因者比外归因者更注重自我对事件的控制能力,是社会适应良好的表现。周妈妈的训导让周国彪从小养成内归因的习惯,遇到人际关系的问题,周国彪会主动换位思考,多体谅对方的难处,自己先努力调整改正。这种"对人宽,对己严"的处事原则让周国彪受益终身。这不仅让他能更好地适应环境,并为他以后理解学生、理解老师,成为一个好老师、好的教研组长奠定了基础。

3. 克勤克俭,乐在其中

周国彪上大学之前,都是父亲一个人赚钱养家,家境比较清贫。周家在衣食住行各个方面的条件都很有限,但是他们没有抱怨,没有自卑。而是克勤克俭,将日子过得有滋有味。例如周国彪青少年时期最大的爱好就是集邮。没有钱买新邮票,他就请亲戚朋友帮他收集盖过邮戳的旧邮票;没有集邮册,他就用纸板自己做。他会定期将收集来的邮票分类整理,逐一插放在自制的集邮册中。虽然这些邮票都不

---

① 章志光,金盛华. 社会心理学 [M]. 北京:人民教育出版社,1997:153.

值钱，可能也没有升值空间，但是他非常享受这个收集整理的过程，乐此不疲。

生活的清贫，让周国彪更珍惜除夕的"奢侈"。一年中只有这一天，他可以穿新衣服、吃肉、放鞭炮，还能拿到父母给的压岁钱。周国彪会将大部分压岁钱攒着买书。但必定会拿出几毛钱，带着妹妹们去上海大世界游乐场开开心心地玩一天。上海大世界是当时上海最大的综合性游乐场。里面常年演出戏曲、曲艺、话剧、歌舞、杂技、魔术等，还放映电影，并附设旱冰场等各种游艺设施。为了节约路费和饭费，周国彪会带着妈妈做好的烙饼，领着妹妹们从家里花30分钟走到大世界游乐场，有时，妹妹走不动，周国彪就会背着妹妹走，累得满头大汗也舍不得多花几分钱坐车。虽然路上走得辛苦，也不能在游乐场里享用美食，但是周国彪和妹妹们每年都玩得十分尽兴。直到今日，周国彪回想起那段生活，还会流露出发自内心的微笑和向往。

生活的清贫，没有压垮周国彪，反而使他更加自立自强。他始终信奉父母的教导："好生活要靠自己的双手去创造。别人过得再好，那是别人的日子，咱们不羡慕。"他是这样想的，也是这样做的。无论他想要什么，都不等、不靠、不羡慕，尽量自己做。家里没钱买铅笔盒，他就用木头自己做；妹妹们没有玩具，他就给她们做小汽车；妈妈做衣服的尺子断了，他就用竹子做个新的。在周国彪动手做的过程中，他的空间想象力丰富了，将书上的知识灵活运用了，并且在亲朋好友的赞叹声中获得了成就感。

生活的清贫，让周国彪从小就学会拒绝诱惑。在周国彪的青少年时代，大千世界也充满着形形色色的诱惑，虽然街边没有网吧，却有一种非常流行的游戏叫克朗棋。克朗棋的形式和玩法都类似于台球，但是桌面上不是各色彩球，而是象棋子，只要用球杆将棋子打入桌脚的吊篮就可以得分。这个游戏可以一个人玩，也几个人共同切磋，在学生中非常流行。在周国彪放学的必经之路上，有若干个玩克朗棋的街边球桌，每每路过，都会有同学招呼他一起玩，他也羡慕过，也动心过。但是想到玩一局要一分钱，他就会打消玩一次的念头。可不要小看这一分钱，当时，周国彪一家六口一个月的生活费才几十元，周国彪每年的零花钱只有几毛钱,他会把每一分钱珍藏起来,留着买参考书。拒绝了克朗棋的诱惑,周国彪不仅省下了钱,还省下了时间,他把这些时间用来帮妈妈一起剥云母①,赚些钱补贴家用;他把这些时间用来看书。周国彪拒绝克朗棋的过程类似于一个经典心理学实验——"延迟满足"②。实验过程大致如下:实验者发给4岁被试儿童每人一颗好吃的软糖,同时告诉孩子们:如果马上吃,只能吃一颗;如果等20分钟后再吃,就给吃两颗。在美味的软糖面前,任何孩子都将经受考验:有的孩子急不可待,把糖马上吃掉了;而另一些孩子则耐住性子、闭上眼睛或头枕双臂做睡觉状,也有的孩子用自言自语或唱歌来转移注意、消磨时光以克制自己的欲望,从而获得了更丰厚的报酬。这个实验用于分析孩子承受延迟满足的能力,所谓的"延迟满足"(delay of gratification),就是能够约束自己,等待自己需要东西的到来,而不是满足于短暂的感官享受。研究人员在十几年以后再考察当年那些孩子的表现,研究发现,那些能够为获得更多的软糖而等待得更久的孩子要比那些缺乏耐心的孩子更容易获得成功,他们的学习成绩要相对好一些。在后来的几十年的跟踪观察中,发现有耐心的孩子在事业上的表现也较为出色。也就是说延迟满足能力越强,更容易取得成功。由此可知,克朗棋对于周国彪就像4岁孩子眼中的糖果,周国彪能够控制住自己主要有三方面原因:第一,他明确父母对自己的期望,并将其内化为自己的行为规范;第二,他知道自己真正想要的目标是获得真才实学,而不是整日在街头闲逛,自己不可能靠打克朗棋度过余生;第三,他能够从帮父母分忧中获得成就感,从阅读课外书中获得满足感,这些给他带来的欢乐都远胜于打赢一场克朗棋的短暂欢乐。他的一次次拒绝,使他在日后的成功之路上走得更稳更远。

生活的清贫,让周国彪更加敬爱父母。至今他谈起父母,都充满

---

① 剥云母。A. 什么是云母?云母是一种层状结构铝硅酸盐矿物的统称。呈鳞片状,用作绝缘材料。B. 什么是剥云母?剥云母就是将鳞片状的云母集合体剥离开,成为一个个薄片,用作绝缘材料。C. 为什么要剥云母?工厂需要云母作绝缘材料,但因剥离工作简单却烦琐,工厂就将这些工作外包出去,由家庭妇女承包,按件计价,给予有限的报酬。

② 马雅菊. 延迟满足的研究与启示 [J]. 渭南师范学院学报,2005 (3):73-75.

深情和敬爱。1959年至1961年，我国处于"三年自然灾害"时期，食品供应非常紧张。而这三年恰恰也是周国彪和姐妹们生长发育的关键期。母亲常常怕孩子们吃不饱，就偷偷把自己的定量匀给孩子们。每次吃饭时，她都说自己做饭时已经吃了，不饿。其实她只喝一些菜汤。在常年的饥饿中，母亲还要承担繁重的家务，除此之外，还要打零工贴补家用。她是家中起得最早，睡得最晚的人。每当周国彪深夜起夜时看见母亲还在灯下操劳，他都会暗暗对自己说："明天我要帮妈妈再多做些，以后我要有好工作，让妈妈跟我过上好日子，不再操劳，安享晚年。"周国彪成年后常年在北京工作，父母常住上海，不能天天在父母跟前尽孝，成为他永远的遗憾和无奈。为了弥补这份缺憾，周国彪每个月拿到工资后第一件事情，就是给父母寄钱。30年风雨无阻，没有延误过一个月。后来，姐妹们都工作了，父母的生活好了，父母千叮咛万嘱咐让儿子不要再寄钱，但是周国彪坚决不肯，他认为每月邮递员呼喊父母来收汇款时的那一声"北京汇款，请签收！"，就是自己对父母爱的回应，让父母感到儿子想着他们，儿子就在他们身边。讲完这段经历，周国彪静默片刻，仿佛看到父母收到汇款时的音容笑貌。正如法国作家莫泊桑所说："人世间最美丽的情景是出现在当我们怀念母亲的时候。"

2009年，北京大学校长周其凤主张在自主招生条例中加上一条：凡发现生活中不孝顺父母者，一律不予录取。此事在国内引起很大反响，有人支持，有人质疑。对此，周国彪非常赞同。他认为孝敬父母是中国一切传统美德的根本。一个人没有孝敬父母之心，很难想象他能做出对他人、对国家以及对社会有益的事情。周国彪对父母的孝顺源于他的感恩。他感恩父母的勤劳付出，他常说"如果我能有父母一半的勤劳，我将有更大成就"；他感恩父母教会自己"严于律己，宽以待人"；他甚至感恩清贫的家境，让他自立自强，珍惜现有的一切。

当今，有些父母希望给自己孩子最好的物质条件，认为只有这样，才能让孩子过更幸福的生活。但心理学研究表明幸福来源于需求的满足和目标的实现。现在的孩子往往物质条件太丰富，在孩子产生需求前、在孩子萌生目标前，家长已经提前想到，提前提供了。因此孩子们没有过年的幸福，没有得到期盼已久礼物的喜悦，有的是对富足环境的漠视与厌烦。通过周国彪的成长经历，我们可以看出，真正的财富不是幼年时的生活条件，而是培养孩子正确的价值观。美国富豪洛克菲勒的子女的零用钱也少得可怜。他们的家族账本扉页上就印着给孩子零用钱的规定：7~8岁，每周30美分；11~12岁，每周1美元；12岁以上每周3美元。零用钱每周发放一次，必须时刻记录钱的支出数目和用途，待下次领钱时交父亲检查。洛克菲勒始终认为"过多的财富会给子女带来灾难"。过度的物质满足，只会培养孩子不断索取的习惯。在索取的过程中，孩子只有愿望无法达成的失落与挫折，而无法品尝"来之不易"的喜悦与幸福，也缺乏"自立自强"的信心和勇气。因此，爱孩子就要让孩子从小学会珍惜，学会感恩。

（二）感恩老师：深入浅出，受益终身

我非常敬佩我的中学老师们。他们知识渊博，教法生动，关爱每一个学生。他们是我学习的榜样。他们的教导，让我受益终身。

——周国彪

周国彪的母校是上海新中中学①。母校的众多恩师给周国彪留下很深的印象，他们上课时的一举一动、一颦一笑，一个个生动的案例都珍藏在周国彪心中。从那时起，周国彪对什么是好老师就有了标准：首先要有爱学生的心，其次要有扎实的业务功底。及至日后周国彪自己成为教师，他认为自己的很多教学思想和教学技巧都得益于中学阶段的切身感受。

---

① 新中中学原名钱业中学，创建于1925年，校址在上海市塘沽路730号。新中国成立后在党组织的领导下积极开展对旧校的改造，1953年夏沪北中学及尚实中学并入。1955年秋中小学脱钩，中学部改名新中中学。为适应新形势需要，市教育局拨专款新建校舍。1963年夏，学校迁入新址蒙古路48号。1977年，区教育局根据学校师资、设备及办学成绩等条件报市教育局批准，将新中中学定为区属重点中学。1998年，为落实科教兴国的发展战略，创办与一流城市相适应的基础教育，学校迁入现址原平路555号，承担起创办实验性、示范性的现代化寄宿制高级中学的重任。

1. 悉心照顾，一视同仁

韩愈说："师者，所以传道授业解惑也。"老师在传递知识的同时，更重要的是要教学生做人。一个好老师应该以身作则，以扎实的学识引领人，以真诚的态度感动人。周国彪的恩师们就是这样的好老师。中学时代教周国彪英语的吴老师就是其中一位代表。吴老师对学生始终是循循善诱，从来不对学生发脾气。她对所有的学生一视同仁，对待不同家境、不同学习成绩的学生都一样。如果说有所不同，就是吴老师会发掘每个学生的优点，通过各种方式发挥学生的特长，培养学生的学习兴趣和责任心。周国彪的英语成绩好，吴老师就会让周国彪当"小先生"，让他给同学讲解知识点，给同学辅导作业。在当"小先生"的辅导过程中，周国彪对英语知识的理解更系统，也更深入了，而同学们的问题也得到了及时地解决。这种方法效果非常好，真是一举多得，人人受益。在周国彪的回忆中，学生时代的恩师们，都和吴老师一样，用人格魅力感染每个学生，真正做到了教书育人。

2. 广泛阅读，基础扎实

周国彪中学时代最大的理想是成为船舶专家，所以高中文理分班时，他选择了上理科班。但是他也没有因此重理轻文，因为文科老师也都很博学，而且教导有方。比如语文学科，除了有教现代文的老师，还有专教古文的老师。周国彪现在都记得教古文的老先生。他是位清末的秀才，瘦瘦的，戴着厚厚的眼镜，常穿一袭长衫。他能将古文念得抑扬顿挫，让学生们感到文章的韵律之美；他能将文中的典故讲得清晰生动，让学生们感叹先生的博古通今。每节课，师生都共同沉浸在古文的深远意境中，没有一个学生开小差。

在老师们的影响下，周国彪从学生时代起就养成了读书的好习惯。他不仅对课内知识融会贯通，而且广泛涉猎课外知识，天文地理、中外名著等都是他最好的精神食粮。但是家里经济条件有限，不能买很多书，他就经常从学校图书馆借书。与信息化的今天不同，当时学校图书馆不向全体学生开放，只能由每个班选派一个同学当图书管理员，同学们把想看的书列成书单给图书管理员，由他帮大家把图书借回来。而且一个礼拜只借一次。为了每周都能看到新书，周国彪会珍惜一切时间，在学好功课的同时，尽量挤出时间将借到的书尽快看完。他白天在校学习精力高度集中，所有问题都要在课堂上解决，因此他是课堂上最爱提问的学生之一。周国彪不仅上课认真听讲，而且利用下午的自习课在学校把全部作业做完。回家帮妈妈做一些家务，干些零活，晚上的时间都节省下来看课外书。从书中他看到了祖国的大好河山，看到了历朝历代的兴衰荣辱，看到了故事人物的喜怒哀乐，看到了科学技术的广泛应用。他畅游在知识的海洋中，经常忘记时间，读书到深夜。

周国彪至今保留爱读书的好习惯。他每天除了阅读中英报纸，还要阅读大量书籍。他的手边经常放有关于陶行知和英语教育的书籍。他从书籍中学习理论，了解英语文化的新发展，寻找好词绝句。读书使他始终站在教学的前沿，受益终身。

爱读书是每一位老师成功的法宝，高尔基先生说过："书籍是人类进步的阶梯。"对于任何人，读书最大的好处在于：它让求知的人从中获知，让无知的人变得有知。但是在网络时代的今天，我们离书本似乎渐行渐远。当要了解知识的时候，我们习惯在搜索引擎中输入关键词；当要撰写论文时，我们习惯 copy（复制）和 paste（粘贴）。这种阅读与写作方式虽然简便易行，但是由于没有阅读原著，很可能断章取义，曲解作者原意，甚至闹笑话。例如，我们经常引用爱迪生的名言"天才是1%的灵感加99%的汗水"来激励后人勤奋努力，殊不知爱迪生在该句后面还说"但是，那1%的灵感比99%的汗水更重要"。有了后面这半句，整句话的意思就发生了变化。因此，不能人云亦云，要自己从图书中寻找真知灼见。

3. 生动教学，深入浅出

众多恩师中，周国彪最感谢的就是英语老师吴老师。她课上始终关注学生，注重实践，强调用最生动的方式，把容易混淆的问题帮学生辨析清楚。至今周国彪都记得当初吴老师在教学中对四个易混英文单词的区分方法：say, talk, tell, speak。这四个词在中文中都表示

"说",但是在实际应用中如何使用、区分呢?吴老师就在黑板上画了四幅图。一张嘴,嘴中发出信息就是 say;两张嘴,嘴对嘴,你一言、我一言就是 talk;tell 是嘴旁边有一个耳朵,把信息传递给对方,对方吸收你的信息;什么是 speak? speak 就是一个嘴前面有好多的小脑袋,speak 强调演讲说话的概念。

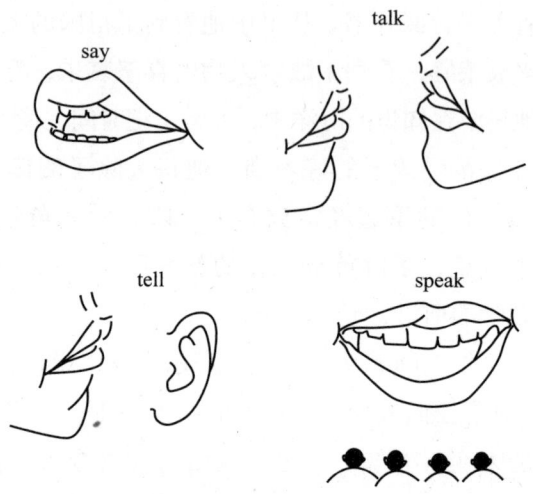

周国彪记忆中吴老师用四幅图区分 say,talk,tell,speak 这四个单词

一位教育家说:"教育真正的结果,是学生毕业若干年后,依旧记忆犹新的内容。"通过这四幅让周国彪记忆深刻的图画,我们可以从认知心理学的角度分析一下吴老师的教学特色。总体说,吴老师之所以能够成功就是因为她抓住了学生的认知特点,辅以适合的教学方法,所以能取得成功。也就是陶行知所说"先生的责任不在教,而在教学生学"①。具体说:**第一,抓住学生的兴趣,将负性刺激变成正性刺激。**这是四个易混单词,学生们经常在辨析过程中出错、罚分,于是这四个词都成了负性刺激,怎样才能让学生改变态度,让学生能够既有兴趣,又印象深刻呢?学生最喜欢漫画,用图画吸引学生的目光,就能给他们耳目一新的感觉;**第二,降低理解难度,为单词理解配拐棍。**

---

① 何国华. 陶行知教育学 [M]. 3 版. 广州:广东高等教育出版社,1997:14.

人们的认知水平是随年龄增长逐渐上升的。皮亚杰认为从最初的感知运动阶段（出生到2岁）到前运算阶段（学前时期）到具体运算阶段（小学时期）到形式运算阶段（初中时期）到抽象逻辑运算阶段（高中及成人时期）。当对语意的抽象逻辑理解发生困难时，就降低难度，以图画作为辅助，让学生通过比较图形进行形式运算理解，以此降低认知难度；**第三，理解英文的本意**。语言是社会历史文化的产物。因此不同语言之间很难有完全一一对应的单词和词语。在学习英语时，如果将中英文捆绑在一起，就会造成对单词本意理解不全或理解偏颇的现象。如果不用中文，那么图画就成为最能表达语意的方式。古人用壁画来记录重要事件，那么我们何尝不能用图画来解释语言呢？

周国彪当时不知道这其中的奥秘，只是觉得这种方法很好，从那时起，他就有一种朦胧的感觉，中英文有很大的不同，有时中文很难解释英文，效果还不如图画来得清楚明了。这种图文并茂的授课形式深深地留在周国彪脑海中，以至于他成为老师后，每当讲到这四个单词时，也是这样在黑板上画图，边画边讲，效果依然很好，受到学生欢迎。很多老师询问他是怎样想到这种好方法的，他都自豪地说，我上中学时，老师就是这样教我的。因此他至今对恩师念念不忘。正如居里夫人所说"不管一个人取得多么值得骄傲的成绩，都应该饮水思源，应该记住是自己的老师为他们的成长播下了最初的种子"[①]。

美国教育学者洛蒂（Lortie，D. C.）曾在其著作中提出"学徒观察"（apprenticeship of observation）这一概念。她认为，教师从中小学时代开始，即对自己老师的课堂教学进行了上万个小时的观察，这种"学徒观察"的经历使初任教师倾向于模仿自己的中小学老师在课堂教学中所采用的方法[②]。因此，作为教师，尤其是初入职的教师，可以回想一下自己的学生生活，自己喜欢什么样的老师？为什么会喜欢这位老师？通过反思和总结老师的成功经验，就可以将感性认知上升为理

---

① 何宜. 名人名言顿悟人生［M］. 哈尔滨：北方文艺出版社，2009：161.
② Dan L. School Teacher：A Sociological Study［M］. Chicago：University of Chicago Press，1975：62.

性认知，并与教学实践相结合，总结出属于自己的为师之道。

（三）感恩祖国：千载难逢，开阔视野

1964年，周国彪在读高三时发生了一件改变他命运的事情——公派出国留学。当时中国准备加入联合国，急需大量外交人才，于是国家就从全国应届高中毕业生中选派精英公派海外留学，学习外语和文化。由于周国彪出类拔萃的成绩和三代贫农的家庭背景，他被选中公派留学。经过短暂的国内集训，他被派往古巴哈瓦那大学学习西方语言文学。在这个过程中，他从上海里弄里的中学生转变成具有国际视野的留学生。后来，由于"文化大革命"，中央要求海外中国留学生分期分批集体回国参加"文化大革命"学习，于是在1967年他与同学们中断了近三年的海外留学，回国集中学习。历史原因使他最终没能与外交工作结缘，但是，出国留学经历让他熟练掌握了英语和西班牙语，开阔了视野，更重要的是，让他将自己的命运与祖国的命运紧紧联系在了一起。

1. 满载期望，来到首都

"老周的儿子刚刚中学毕业，就要被公派出国！"这个惊人消息很快传遍街坊四邻，周国彪一下子成了里弄的风云人物。街坊邻居纷纷向周爸爸贺喜，赞叹地说："老周，你家儿子出息呀，你以后可要享福啦！"周爸爸听得满心欢喜，但是周妈妈却在暗自垂泪。母亲舍不得儿子，儿子这一走就是六年，中间只许回来一次，"父母在，不远游"，她不愿意让儿子远离自己，漂泊异国他乡。但周爸爸却支持周国彪出国，原因有三个：第一，周爸爸平时很爱听弹词，从古今故事中，他领悟出好男儿志在四方，永远把孩子护在自己的翅膀下，不经历风雨，他很难开创出属于自己的一方天地。第二，自己从浙江老家来上海的经历，让他深切体会到，梦想有多大，世界就有多大。既然自己能行，儿子肯定更行。第三，一个贫民的孩子能公派出国，这是千载难逢的机会，错过就再也没有了。

在父亲的反复劝说下，母亲才逐渐接受儿子即将远赴重洋的现实，开始依依不舍地和周爸爸一起为儿子准备行囊。由于学校明确说，到了北京一切吃穿住用都由国家负担，不用带太多东西。因此父母只给周国彪准备了四样东西：①白球鞋，这是周国彪第一次穿白球鞋，之前他所有的鞋，都是妈妈亲手做的布鞋；②幸福牌金笔，这是周国彪的第一支名牌钢笔；③人造革的行李提包；④全套《毛泽东选集》。手捧着这四样"奢侈品"，周国彪心中百味杂陈：满足、振奋、感恩、依依惜别……但更多的是对未来的憧憬和期待。

怀揣着父母的殷切期望，周国彪风尘仆仆地来到首都北京。他在上海的生活很简单，基本可以概括为三点一线，往返于学校、市航模俱乐部和家之间。现在来到首都北京进行出国前的集训，他经历很多人生中的第一次，这些都让初出茅庐的周国彪感到很新奇：第一次穿白球鞋；第一次坐火车；第一次和来自天南地北的同龄人成为同学；第一次过集体生活；第一次亲眼见到陈毅等中央领导……

出国前集训日程安排得很满，几乎每天都有中央有关领导进行讲话、动员。周国彪至今还记得陈毅的讲话。讲话的核心内容是：中国即将加入联合国，目前急需精通外语的外事人才，事情紧急，在座的每个学生都是特急件，希望同学们能在最短的时间里学成回国，国家对你们寄予厚望，希望你们能够服从于国家的需要，勤奋学习，尽快成为有用的外事人才。这些集训让周国彪明确自己未来的出路是学语言、搞外交，这就意味着将要放弃苦苦追寻多年的造船梦。虽然心中不免有些惋惜，但是领导们的热切期盼和谆谆教导，让他认识到无论做什么，人生的最终目标就是报效祖国。造船只是自己个人的爱好和梦想，这不是国家当时最急需的。于是，他将自己的人生目标从船舶建造专家转变为有一技之长的外交家。

为了不让留学生们出国后盲目崇洋媚外，集训的另一个主要内容是到祖国各地参观考察高精尖产业。除北京外，周国彪和同学们还乘专列到沈阳、抚顺、鞍山、上海等地参观。通过国内参观，原来书本上的内容变成眼前的山山水水，变成耳边的机器轰鸣。周国彪在开阔眼界的同时，感受到国家的实力雄厚，增强了国家荣誉感和自豪感。

2. 身负重任，留学古巴

1964年9月，周国彪被派往古巴学习西班牙语。选择古巴作为留学目的地是因为西班牙语是联合国的通用语言，而1964年与中国建交的西班牙语国家只有古巴一个国家。因此，周国彪就来到了这个美丽的中美洲国家。周国彪先在哈瓦那高尔基语言学校从零开始学习西班牙语，三个月后以优异成绩第一批毕业，考入古巴哈瓦那大学西方文学系。哈瓦那大学是古巴的一流大学，古巴领袖卡斯特罗就毕业于哈瓦那大学法律系。在风景如画的哈瓦那，周国彪没有沉湎于风景，他甚至没有睡过一个懒觉，他一直牢记父亲的叮咛，抓住每一分钟，如饥似渴地

周国彪在古巴哈瓦那滨海大道

学知识，抓住一切语言实践的机会。他还摸索出"生活即学习"的学习法，取得非常好的效果。

3. 逼出来的西班牙语

周国彪跟随中国留学生到哈瓦那高尔基语言学校突击学习西班牙语。15个人一个班，小班教学。这批留学生在西班牙语方面是零基础，要在短时间内学会西班牙语很难。有些学生向大使馆提出申请，请求配备中文翻译，帮助学习。大使馆拒绝了，国家就是要创设西班牙语的语言环境，让学生跟老师直接面对面地交流，这样才能学到地道的语言。古巴老师很负责，每天从早到晚密集上课，上课时老师最主要的就是互动交流，创设情境，组织活动，强化训练，从发音开始模仿语音，再到看图说话学单词，最后针对简单的话题进行讨论。这种从无到有的过程，被同学们称为"坐飞机"，这包含两层意思：一是指每天感觉就像在云里雾里，不知所云；二是指从无到有，从低到高的过程。

通过强化学习西班牙语，让周国彪认识到语言教学的两个关键环节：第一，学习语言一定要泡在真实语境中，学习语言就像学游泳，一定要亲自下水，呛两口水才能掌握真正的本领。不要被刚开始的手足无措吓住，这是必经的过程，只要持之以恒地勤学苦练，就能破茧成蝶，插上语言的翅膀，飞得更高更远。第二，语言学习分为不同阶段，老师要根据学生的特点，给予适合他们水平的教材和教法，这样学生才能体验成功，也才能最快最好地习得语言。日后，周国彪教自己的学生学习西班牙语时，也注重抓住以上两个关键环节，他没有先教学生单词和音标，而是先创设环境，教学生学说话、喊口号、练唱歌，一下子抓住了学生的兴趣点，激发了学生学习西班牙语的欲望，品尝了成功的乐趣，奠定了很好的学习基础。

4. 同学们的"小先生"

古巴老师的英语都很流利，他们经常会用英语解释西班牙语。但是中国留学生大部分只会俄语，他们的英语也是零起点。只有周国彪中学学了六年英语，这时，周国彪的英语优势就得到充分展现了，他基本可以用英语与老师交流。于是，周国彪自然而然地成为同学们的"小先生"，在老师和同学间进行讲解、翻译。

在英语、西班牙语和汉语混合使用的过程中，周国彪对语言之间的区别与联系有了更深刻的认识：**第一，语言是互通的**。语言是历史文化的产物，三种语言之间可以两两互译，这说明全球不同的语言之间有共同的本源。**第二，语言之间是有亲疏远近的**。从大的语系上分类，汉语属于汉藏语系，英语和西班牙语属于印欧语系。在印欧语系中，英语和西班牙语又分属于不同的语族，西班牙语属于拉丁语族，英语属于日耳曼语族。这就好比三种语言有共同的祖先，英语和西班牙语是表兄弟，它们有共同的爷爷，但是分别有不同父亲，而汉语则是他们的远亲。因此，周国彪在学习西班牙语时都用英语做注解，因为他觉得更贴切，更容易解释。**第三，语言是无法一一对应的**。在三种语言互译时，周国彪发现，即便是比较贴切的英语和西班牙语，有时也很难一一对应，无论是老师还是自己用一种语言解释另一种语言时,都有隔靴搔痒的感觉,有时还不如画一张图画、再现一个场景来得清晰自然。这就奠定了周国彪的语言文化观,他尊重语言产生的历史背景和语言特色,不会将任意两种语言绑定在一起。因此,他在日后自己的教学中也主张用英文解释英文,非常反对用中文注解英文。

5. 有效的"生活即学习"学习法

周国彪的留学生活一点也不懒散,在古巴近三年,他从来没有睡过一天懒觉。他始终有时间的紧迫感,总觉得时间就像手中的沙子,不知不觉就漏掉了。为了利用好海外留学的每一分钟,周国彪自己摸索出一套"生活即学习"的好方法,将生活与学习完美地结合在一起。周国彪每天的生活是这样安排的:早晨6:00起床,6:00~8:00洗漱、背单词;8:00~8:30吃早饭;8:30~10:00看原文报纸。留

周国彪留学古巴时的留影

学期间,每天上午没课,这段时间,其他同学都用来读西班牙语名著,但是周国彪却用来看报纸。可不要小看报纸,这正是周国彪学习语言的秘诀。他将自己的职业定为翻译。翻译就应该有广博的知识面和词汇量,名著的语言往往不是最流行的语言,但报纸上的语言却是最鲜活、最地道的。而且学校每天为留学生免费提供报纸,这些报纸都是古巴最重要的报刊,每天早晨都会有人准时送来。几份报纸放在一起有一寸厚,这就是周国彪最好的教科书。周国彪读报有三个法宝:**第一,点面结合,划分阶段**。虽然他每天通读全部报纸,但是他能做到点面结合。根据自己的语言水平,每个阶段重点关注不同的内容。比如他会先从文艺和体育入手,因为自己对这些内容有一定的知识和词汇储备,学起来比较容易。而且这些内容都是最热门的话题,了解后可以马上与人分享,能够做到学有所用;随着语言水平的提升,他会

逐渐关注社会和人文，最终深入到政治和经济。这样学到的词汇比较系统，能够在句子中学单词，在文章中理解单词。**第二，善用字典**。周国彪随身携带两本字典，中西字典和英西字典，遇到不会的字词，他两本字典都要查。他从来不使用简易字典，而只查阅有详细注释的字典。这样的字典通常比较厚，为了方便携带，他拿到字典后都会先把外面的硬皮撕掉，这样经过处理的字典就可以随意卷成卷，放在口袋中或拿在手中。因为缺了硬皮的保护和使用频率过高，这些字典很快就被翻烂了，所以，他是同学中更换字典最多的人。**第三，烂笔头加多提问**。有些习惯用语很难在字典上查到，他就记下来，有机会就问当地人。这样让他学到了很多俗语和俚语。10：00～10：30 听广播，他听广播的重点内容是新闻和小说连播。广播经常会重复报纸上的内容，这样有两个好处：一方面提高听力，因为许多内容在读报过程中已经预习过了，他就可以把关注重点放在语音语调方面；另一方面，可以加深对文字内容的理解，文字配合语音可以加深记忆，很多单词经过这样的复述过程很快就能记住。10：30～11：30 游泳。周国彪游泳可不仅仅是为了健身，也是他和当地人沟通交流的好时机。哈瓦那大学是没有围墙的学校，他们的学生宿舍位于滨海大道，旁边就是对外开放的海滨，许多当地人和其他国家的留学生都会在那里游泳。周国彪会抓住这个机会和他们交流，聊聊刚听到的新闻，问问不会的单词，这是健身与学习并重的好机会。11：30～12：30 吃午饭。周国彪从来不和中国学生一起吃午饭。中国学生在一起，难免要说汉语。周国彪会和其他国家的留学生一起吃饭，逼自己说西班牙语。有些来自拉丁语族国家的学生，比如意大利和葡萄牙的学生，他们的西班牙语非常好，这时就可以向他们请教。这种交流就类似于小小联合国，他可以了解更多国家的文化、历史和政治。这些是书本上学不来的。12：30～17：30 坐班车去学校上课。他在学校不仅学习本专业的西班牙语，还选修了英语和葡萄牙语，希望自己能成为复合型语言人才。17：30～18：30 返校，吃晚饭，同样是小小联合国式地一起吃晚饭。18：30～21：30 写作业、复习和预习。21：30～22：30 看一些经典名著。22：30 洗漱，睡觉。

这看似简单的一天，其实暗含了陶行知先生所提出的"生活即教育"理念。陶行知先生将"生活即教育"定义为：给生活以教育，用生活来教育，为生活向前向上的需要而教育。① 具体到周国彪的"生活即学习"可以从三个方面来理解：第一，生活本身就是最好的教材。生活中发现的一事一物，与他人沟通的只言片语都能给人以启迪，引人深思。第二，生活与学习是融为一体不可分割的。周国彪在生活中学习，在学习中生活。看报纸、听广播、与人聊天这都是生活的一部分，也是学习的重要环节。如果将两者割裂开，单纯地为了学而学，为了成绩而学，那么就会丧失学习的兴趣和动力，使学习成为无水之源、无本之木，使生活变得刻板、枯燥。第三，生活与学习可以相互促进。学习语言就是为了与人沟通，沟通的结果促成了他更爱学习语言，语言水平提高了，他的生活也更便利，与人沟通更顺畅，这是一个良性循环的过程。

这看似简单的一天，几乎就是他留学期间的每一天，近三年如一日。周国彪的持之以恒源于父母的嘱托与期望，周国彪认定只有勤勉才能成才，所以他骨子里一直有坚忍不拔、自强不息的倔强。无论环境怎样变化，他内在的精神从未改变。只要他认准的目标，他就会坚持到底，这也是他制胜的法宝。常言道"常立志不如立长志"。成功不在于你每天走多远，而在于你每天都在前进。

6. 干净的衣领

留学生们每周日都要回中国驻古巴大使馆，在那里学习文件、吃中国饭和看电影。留学生们都亲切地将其称为"回家"。当时中国驻古巴大使是王幼平②。王大使见到留学生们常会先走到背后，翻看他们的领子。因为留学生穿的都是白衬衫，通过领子就可以看出是不是经常换衣服、有没有保持良好的卫生习惯。王大使常说："别以为一个领子

---

① 陶行知. 谈生活教育 [M]//陶行知. 陶行知全集：第四卷. 成都：四川教育出版社，1991：428.
② 王幼平（1910—1995），1931年加入中国共产党，中华人民共和国成立后，历任中国驻罗马尼亚、挪威、肯尼亚、古巴等国大使，外交部副部长，中共中央顾问委员会委员。

是小事，通过这些小事就可以看出你这个人，和你身后的国家。千万不能丢中国人的脸。"在王大使的督促下，留学生们对自己的一言一行都很注意，时刻记着自己代表中国，自己代表中国人民。

"回家"的日子培养了周国彪的爱国心。有海外经历的人可能都有这样的体验。自己祖国的发展情况直接影响自己在海外的地位。祖国强大了，别人就会对自己少一些歧视和误解。到了海外才明白，原来自己与祖国联系得这样紧密，我们的一举一动不仅代表个人，更代表我们的国家。别人可能不会记得我们每个人的名字，但是会说"中国人怎样，怎样……"，所以，海外游子最记挂祖国母亲，希望时刻为她添光增彩，不愿因为自己给她抹黑。周国彪和同学们会时刻注意自己的言行。从穿衣这件小事说，他不仅要衣着整齐，更要做到抬头挺胸，不是趾高气扬，也不是奴颜婢膝，而是要体现出中国人不卑不亢的气节。长时间的行为模式就逐渐转变成习惯。

这种习惯周国彪保留至今。无论何时看到他，永远衣着整洁。他的标志性搭配是：下穿牛仔裤，上配彩色条纹的衬衫，一米七几的身材看起来格外挺拔。让人很难相信他已经六十多岁。这当然与他夫人的精心照顾分不开。但是通过衣着就可以看到周国彪的精、气、神。所以，每当他站到讲台上，同学们经常感到眼前一亮，目光不由自主地被他所吸引。他不光衣着整洁，而且办公室也是井井有条，没有皱巴巴的卷子，也没有一人多高的书堆。一眼望去都是物归其位，每样东西似乎都有一个家，都在它们最该待的地方。让人看了心中很舒畅。这些看似小事，但是从中能看出周国彪的严谨和条理化。古人常说，一屋不扫，何以扫天下。点滴小事反映人的精神面貌，切不可小视。

7. 为祖国母亲献礼

1966年，中国开始"文化大革命"。当时国内闹得轰轰烈烈，远在古巴的留学生们并不知道国内的详细情况，只是通过阅读外交部信使带去的《人民日报》，感到国内好像在搞运动，但是也不知道规模有多大。

1967年春天，大使馆召集全体古巴留学生开会，传达中央精神，驻外使领馆和留学生分期分批回国参加运动。当时没有通知要回国多久，大家以为只是休假三个月，个个都是满心欢喜。已经离家近三年了，谁不想给家中父母和亲朋好友带些礼物。但是，经过集体讨论，留学生们认为祖国培养自己不容易，一定要将最珍贵的礼物送给祖国母亲。他们把自己在古巴攒下的每一分钱都拿出来捐献给国家。没有一个人留下私房钱，没有人给亲朋好友带任何礼物。他们将自己和国家融为一体，认为自己的一切都来自国家的给予，自己不能对祖国母亲有任何保留。

在古巴的留学生集体合影

（四）感恩劳动：艰苦环境，磨炼意志

1967年3月，周国彪和同学们从热带国家古巴回到祖国，他们一下飞机就感到一丝寒意，除了料峭的春风，就是不同寻常的政治气氛。他们被安排住在友谊宾馆，每人发一身海军棉衣，由于"文化大革命"期间"破四旧"①，在古巴学习期间的西装就不能再穿了。与回国前通知的不同，国家没有让他们回家探亲，也没有让他们回古巴学习，只是每个月给他们生活费，免费提供食宿，让他们在友谊宾馆等通知。就这样一年过去了，在留学生们的强烈要求下，组织上最终提供两个选择：一个是继续等待，另一个是回原籍。周国彪选择回到上海，组织把他的全部关系都转到上海外国语学院西班牙语系，作为该系的插

---

① 破四旧：1966年6月1日《人民日报》刊登社论《横扫一切牛鬼蛇神》，提出"破除几千年来一切剥削阶级所造成的毒害人民的旧思想、旧文化、旧风俗、旧习惯"的口号；后来《十六条》又明确规定"破四旧"、"立四新"是"文革"的重要目标。源自：http://baike.baidu.com/view/50076.htm? fr=ala0_1。

班生。当时"文化大革命"期间,所有学生都忙着闹革命,没有人学习。周国彪在学校待了不到一年,就同上海外国语学院1968届西班牙语系的同学一起毕业,并获得了上海外国语学院的毕业证书。

  从上海外国语学院毕业后,周国彪跟全体同学一起去安徽霍邱县城西湖军垦农场接受工农兵再教育①。周国彪在海外留学近三年,住的是洋房别墅,吃的是牛奶面包。现在回到农村开荒种地,这里除了一片烂泥,什么都没有。一切都要白手起家,房子要自己盖,粮食要自己种,鸡鸭要自己养。这么大的反差,周国彪没有失落、没有哀怨,他很快投入到生产劳动中去。

  周国彪和同学们每天早晨听着军号起床,吃完早饭,一起排队唱歌去劳动。当时主要的劳动任务就是挖沟、种地和盖房子。活儿又脏又累,有些同学累得不行,就倒在地上打个盹儿,然后起来接着干。在劳动中,他们不仅要"与天斗",争分夺秒地抢种抢收庄稼;还要"与地斗",刨土、播种、施肥、松土;更要"与老鼠斗",当地鼠害成灾,为了避免日常生活用品被老鼠啃噬,传染疾病,同学们都将餐具和洗漱用品用绳子拴好,挂在房梁上。这也成为当地一大怪——"锅碗瓢勺梁上拽"。那段日子非常艰苦,周国彪却感到这是难得的锻炼机会,经过这段时间的历练,他坚信,有再大的艰难困苦,自己都能战胜它。经过同学们的努力,原来的烂泥塘成了鱼米乡,他们自己种菜、养鸡、养鸭、养猪,除了自给自足还能有剩余。吃着自己的劳动果实,同学们觉得格外香甜。

  我们的人生中会遇到很多困难或者压力,在这样的情况下,我们

---

① 工农兵再教育:1968年9月5日,《人民日报》先行刊登《红旗》杂志第3期(9月10日出版)发表的上海市的调查报告《从上海机械学院两条路线斗争看理工科大学的教育革命》,并刊发了毛泽东为它写的编者按。毛泽东写的编者按:"这里提出一个问题,就是对过去大量的高等及中等学校毕业生早已从事工作及现在正从事工作的人们,要注意对他们进行再教育,使他们与工农结合起来。其中必有结合得好的并有所发明创造的,应予以报道,以资鼓励,实在不行的,即所谓顽固不化的走资派及资产阶级技术权威,民愤很大需要打倒的,只是极少数。就是对于这些人,也要给出路。上述各项政策,无论对于文科、理科新旧知识分子,都应是如此。"12日,《人民日报》《红旗》杂志评论员的《关于知识分子再教育问题》,对毛泽东为《红旗》杂志写的编者按做了阐明,指出中心问题是由工农兵给知识分子以再教育。源自:http://news.163.com/06/0901/09/2PU5B8TL00011EBF.html。

应该怎样应对呢？这里，借用一个化学试题来说明。高中化学实验考试中曾经有这样一道题目：在实验中，你不慎把试管打破了，碎玻璃扎在你的手指上，你第一步应该怎样做。包扎？求助？都不是，我们先要把碎玻璃拿出来。大家可能会说这个答案太容易了。但是当碎片变成压力时，我们往往会哭喊、向人倾诉或者逃避。这样的碎片会越刺越深，压力会永远埋藏在心中挥之不去。周国彪就是用积极方式应对压力，当他置身于极度困苦的环境中时，他没有逃避，没有抱怨，而是积极用自己的双手改变环境、创造环境。他甚至感谢这艰苦的环境，感谢它给予自己坚忍的意志、给予自己强健的体魄、给予自己劳动的技能、给予自己不畏惧任何困苦的信心和勇气。

2005年，上海新版《中学生守则》首次提出了要学生"学会感恩"。上海市教委德育处有关负责人对此进行解读："学会感恩就是学会对父母、师长与社会的培养，心怀感激。"根据目前绝大多数学生为独生子女、自我意识较强这一特点，强调要让他们学会对自己拥有的一切抱有感激之情非常重要。只有先懂得感恩，才会懂得关爱和回报。①

总之，感恩是积极向上的思考和谦卑的态度，它是自发性的行为。当一个人懂得感恩时，便会将感恩化作一种充满爱意的行动，实践于生活中。一颗感恩的心，就是一颗和平的种子，因为感恩不是简单的报恩，它是一种负责任、自立、自尊的态度和追求一种阳光人生的精神境界！感恩是一种处世哲学，感恩是一种生活智慧，感恩更是学会做人，成就阳光人生的支点。从成长的角度来看，心理学家们普遍认同这样一个规律：心改变，态度就跟着改变；态度改变，习惯就跟着改变；习惯改变，性格就跟着改变；性格改变，人生就跟着改变。愿感恩的心改变我们的态度，愿诚恳的态度带动我们的习惯，愿良好的习惯升华我们的性格，愿健康的性格收获我们美丽的人生！

---

① 郭剑. 上海要求中学生学会感恩［EB/OL］.（2005－08－05）［2010－09－20］. http://news.sina.com.cn/c/2005－08－05/06266617938s.shtml.

二、初为人师：转变

作为教师，我们首先要正确看待所从事的这个行业，拥有正确的身份意识和角色意识。教师，是我们的身份，也是我们所承担的社会角色。

——周国彪

（一）职业理想转变：从外交家到"孩子王"

1970年年底，周国彪在安徽霍邱县城西湖军垦农场接到通知，让他到北京市教育局报到，去当一名中学教师。这个调令是周国彪期盼已久的，也是预料之外的。期盼已久是因为他终于可以拥有稳定的工作，自力更生。预料之外是因为他从来没有将自己的未来与教师职业联系在一起。他曾经想过当船舶制造专家，希望乘坐自己建造的船舶游遍祖国的五湖四海；他曾经想过当外交家，希望在联合国的舞台上施展才能。但是，他从未想过当一名教师，将自己的施展空间限定在三尺讲台。而由于当时特定的社会环境，每个人就业必须服从国家分配，于是周国彪怀着忐忑的心情来到北京。

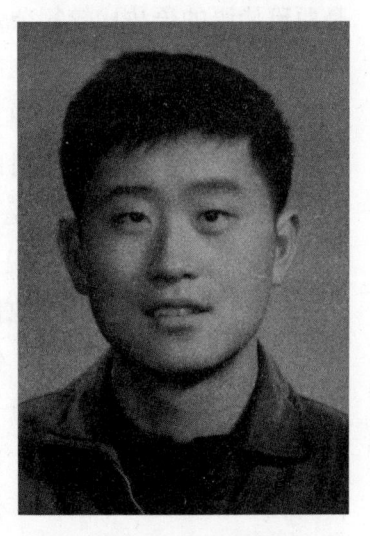

20世纪70年代的周国彪

当时，北京市东城区被定为西班牙语教学实验区，急需相关语言教师。因此，周国彪和其他几位西班牙语专业毕业生，都被分配到东城区的几所中学当教师。"文化大革命"中，教师入职培训并不规范。他们只是听了几节课，就踏上了讲台，开始独立授课，连教材都是自己编写的。

从第一次备课起，周国彪就把教学重点放在如何将语言教学与学生特点相结合上。首先，他分析了英语教学的现状。"文化大革命"中，教育领域遭受严重创伤，外语教育更是重灾区。外语不仅不是中学的基础学科，甚至有"不学 ABC，照样闹革命"的谬论。教育大环境并不乐观。其次，他分析了学生的特点。他要教的是初一年级，当时学生普遍要到高中阶段才开设外语课程。因此，学生没有任何学习外语的经历和基础，是零起点。零起点的好处是，学生对于语言刺激的兴奋点比较低，一切都是新异刺激。学生能说一两句外语、听懂一两句话就会很高兴。老师比较容易激发学生的学习兴趣。最后，他分析了西班牙语的语言特点。通过自身体验，他认为西班牙语起步容易、学好难。因为西班牙语由 28 个字母（其中包括 5 个元音字母）所组成，发音是很规则的。一般只要掌握每个字母的发音和重音规则，初学者就可以基本上正确读出任何西班牙语的词，上手快，趣味浓。但是西班牙语的语法比较复杂，所以学深学好很难。

  基于以上分析，周国彪制定出自己教学设计的总体目标：让学生学会简单句，并能进行简单对话。根据这个目标，他设计了一系列教学活动。第一步，适应当时的社会大环境，带领学生一起用西班牙语说"毛主席万岁"、"我们是毛主席的好学生"等口号。在"文化大革命"期间，这些口号天天说、人人说。但是学生们能用西班牙语说出这些口号，还是第一次，他们觉得特别新奇、自豪。一下子就激发了学生的学习兴趣。第二步，他教学生用西班牙语进行简单表达，比如自我介绍。第三步，他自编一些短剧，让学生模拟情景对话。第四步，他教学生唱西班牙语歌曲，由于年龄相近，他还和学生边唱边跳。周国彪的课堂特别活跃，经常是欢声笑语，载歌载舞。在愉悦的课堂气氛中，西班牙语由无意义音节变为朗朗上口的口号，变为可以交流的工具和可以歌唱的歌曲，这是多么神奇的事情！学生们很快就喜欢上周国彪，也喜欢上西班牙语。不久，西班牙语就成为一七一中学的特色。经常有西班牙语国家的外宾来校参观，每当那时，周国彪的学生们就可以用西班牙语给外宾们报幕并表演节目，在外宾的高度赞许中，学生们也收获了语言学习的自豪感和乐趣。

  虽然当时教学效果非常好，但是周国彪反思说，自己只是误打误撞，完全凭感觉。他只觉得有时上课效果非常好，自己很高兴，但是不知道为什么，有时同一个教案在不同班级效果就完全不同，自己很困惑。现在，周国彪回头看当初教学的成功，他认为这应该归功于两点：第一，以学生为主体。正如陶行知所说："我以为先生不是教书，不是教学生，乃是教学生学。"① 外语教学的首要任务也不是"老师如何教"，而是"学生如何学"。周国彪始终把有利于学生全面语言素质的提高及终身发展作为出发点，使自己的课堂教学设计符合学生生理和心理特点，促使师生彼此间形成"教师启动、师生互动、学生主动"的真正的"学习共同体"。第二，以活动为中心。在这样的课堂教学过程中，教师根据教材要求，精心组织教学活动，引导学生提问、思考，积极参加活动，充分发挥他们的能动性、自主性和创造性。这样有助于培养学生对外语学习的长久兴趣，消除心理压力，赋予学生使用外语作为交际工具的勇气和能力。

周国彪能够在课堂上贯彻"以学生为主体"和"以活动为中心"，源于主、客观两方面原因。第一，客观原因：因祸得福。周国彪入职初期没有接受过任何师范训练，与老教师相比，他没有任何可以炫耀的技巧，正因如此，他也没有任何理论的束缚，要想让学生喜欢，只能从学生兴趣和语言特点入手，这样反而可以帮助他拨开迷雾看到教学的真谛。第二，主观原因：周国彪对语言的认识。在留学期间，他认为语言最重要的属性就是工具性。学习语言重在实践，要在沟通中学，所以他的一切教学设计都是围绕沟通交流展开的。

（二）教学内容转变：从教西班牙语到教英语

在职业发展过程中，难免会有意想不到的波折和机会。在入职初期，西班牙语是一七一中学乃至东城区的特色，周国彪当时绝没有想到西班牙语的时代是那么短暂。从教三年后，东城区停止西班牙语教

---

① 陶行知. 教学合一 [M]//陶行知. 陶行知全集：第一卷. 成都：四川教育出版社，1991：22.

学实验，改为全面推进英语教学。瞬间，周国彪的西班牙语就由优势变为劣势。同来的西班牙语教师有的改教政治，有的改教体育，有的改做行政工作。自己该何去何从？周国彪凭着自己已有的扎实外语功底和对外语的钟爱，经反复思考后，决定改教英语。所教语言改变了，但是教学效果没有变。周国彪的课依然受到学生欢迎。为什么周国彪能够成功转教英语？有人说幸亏他中学时期的英语基础好；有人说幸亏他留学期间主动选修英语；有人说幸亏他一直没有放弃英语。其实，这些不是幸运，而是个人勤奋努力的结果。机会总是给有准备的人。

在工业经济时代转变为知识经济时代的今天，教师更要有危机意识，教师职业不再是铁饭碗。因此教师不能满足于吃老本，应该不断扩展自己专业知识的广度和深度，这样才能确保自己不被时代所淘汰。

周国彪的学习一直没有停滞。为了弥补自己在教育教学方面的不足，他主动报考北京教育学院，攻读英语教育专业。周国彪与教育学院的其他同学有两点不同：第一，学习不是为了文凭。他当时已经拥有国家教育部专门颁发的海外留学学历证书和上海外国语学院西班牙语专业的本科学历证书。他进修的目的只是为了系统学习教育教学理论，掌握教育教学方法。第二，用西班牙语学英语。持之以恒的双语学习，是周国彪的学习特色，也是他的学习方法。他坚信艺不压身，任何本领都不会过时，总有能够使用的机会。为了提升语言学习的实效性，强化英西两种语言的互通互补，他始终坚持用西班牙语学习英语，在强化英语的同时，也复习了西班牙语。

当事业发展遇到瓶颈的时候，最好的方法就是继续学习。周国彪不仅抓紧时间进修教育学、心理学、外语教学法等一系列专业课程，同时，他还广泛涉猎英语国家的历史、地理、文学、艺术、社会制度和生活方式等相关的背景知识，并将这些知识与教育内容有机结合，为学生展示出一幅幅历史的、现实的乃至未来的生动画面，激发学生对学习英语的浓厚兴趣。

（三）职业认同转变：从思想波动到专心从教

初入职阶段，周国彪并不安心当老师，他曾经有过思想波动。虽然跟学生们相处愉快，但是教师待遇太低，他不甘心在学校里待一辈子，想离开三尺讲台，奔向更广阔的天地。当时，中国刚刚改革开放，外贸人才很吃香，他曾经去很多单位面试过，多家单位愿意录用他，有些甚至帮他办好了全部调动手续，只等

周国彪与夫人陶铮的结婚照

学校签字就可以调走。但是学校就是拿着他的档案不舍得放人。在他情绪最低落的时候，一份姻缘再次改变了他的命运。

通过好友介绍，周国彪与陶行知的孙女恋爱、结婚了。周国彪的夫人叫陶铮，也是一位老师。她出自名门，却没有骄娇二气，堪称周国彪的贤内助。她很孝敬周国彪的父母。婚后，她主动承担起每月给周家寄钱的责任，没有耽误过一次。如果周家有需要用钱的地方，她不仅不会阻拦周国彪往家里寄钱，她自己还会背着周国彪再多贴补他们一些。陶铮出自书香门第，周国彪是劳动人民的孩子。但是陶铮没有门第观念，从未嫌弃周家的家庭条件。他们婚后第一次回上海看望周国彪的父母，由于条件有限，夫妻俩只能住小小的亭子间。屋子面积很小，只能放下一张床和一张小书桌。当时正是盛夏，屋顶的油毡都要被晒化了，可想而知屋里有多热。但是夫人陶铮没有抱怨一句，依旧忙里忙外，帮助周国彪的父母干家务。陶铮心灵手巧，是持家能手。他们儿子小时候从来没买过衣服，都是陶铮自己做的。周国彪的衣服也都是她洗好、熨好、搭配好，周国彪只管穿就可以了。她不仅关爱丈夫和孩子，她还总记挂公公和婆婆。婆婆穿不惯新式服装，陶铮就亲手给婆婆做一些带盘扣的旧式服装，婆婆穿着非常合体，也舒

服，认为比外面买的还要好。陶铮在周家得到一致认可，是公认的好儿媳、好妻子、好母亲。

结婚时，周国彪知道岳父陶晓光是著名教育家陶行知的儿子，这只是增加了他对岳父的敬重，他当时对陶行知并不了解，也不想了解。他只想早日逃离教育口，因此绝没有借光的思想。

婚后不久，周国彪发现陶家人都很在意一只破旧的铁皮箱。它是家中最重要的宝贝。除了岳父本人，别人谁也不许动一下。如果岳父要出门，他会再三叮嘱家人，家里如果出现意外，什么都可不拿，但一定要把这个箱子先抢救出去。这个箱子中到底有什么宝贝？经过询问，周国彪才知道，原来里面是岳父珍藏的陶行知的书信和手稿。通过这个小小的铁皮箱，周国彪深切感受到岳父陶晓光对陶行知的尊敬与爱戴。

渐渐地，周国彪发现尊敬与爱戴陶行知的人，绝不仅限于陶家人。家中经常会有陶行知的学生前来拜访。他们都是白发苍苍的长者，其中不乏功成名就的知名人士。每当说起陶行知，人人都是激动万分，热泪盈眶。下面是陶行知先生和弟子们的点滴事迹，从中可以了解，陶行知不只是老师、校长，更是他们慈爱的父亲和人生路上的指路人。

例如方明，原名方友竹，江苏无锡人。早年追随陶行知先生，主办流浪儿童工学团。"文革"后，任全国教育工会主席、分党组书记期间，首倡在各级各类学校里进行试点，建立以教师为主体的教职工代表大会制度。1981年，倡议在全国范围内开展"五讲四美"、"为人师表"活动。与此同时，最先呼吁恢复"教师节"；最先倡议并参加起草《中华人民共和国教师法》（第一稿）。他说："陶先生是创造教育的创始人，他要求我们天天都创造出知识。越开拓越创新，就越有事可做，进步会越快。按照恩师的教导，我努力做了一些事情。"① 方明终生致力于弘扬、践行以伟大人民教育家陶行知教育思想为指引的事业，先后担任中国陶行知研究会常务副会长兼秘书长、会长，组织编辑出版《陶行知全集》（12卷），并在全国各地建立各级陶研组织，在各地学

---

① 出自周国彪的转述。

校大力开展学陶、师陶、研陶活动,主张创建符合中国国情、具有中国特色的教育体系。

又如,陶行知先生开办的育才学校接受了一个病孩子,他叫陈贻鑫。他刚来育才学校时,非常瘦弱,头上的疮还在流着脓血,只剩下几根头发,身上又脏又臭。陶先生看到后却一把抱住了这个苦命的孩子,心疼地连声说:"来了就好,来了就好!"第二天,陶行知先生就登门拜访了著名将领冯玉祥,请他找个好医生。为了配合治疗,陶先生还通过朋友到美国买回了贵重的特效药,给孩子服用。两个月后,陈贻鑫头上的疮疤好了,长出了浓浓的黑发。新中国成立后,陈贻鑫已经担任中央音乐学院指挥系的教授,成了中国著名的作曲家、指挥家。

再如,1927年初夏的一个傍晚,陶行知先生坐着人力车进城办事。得知一年轻女子在南京燕子矶跳江自杀,陶先生马上到木工厂要来两块木板,挥笔写下两段话,让学生送到燕子矶头。一块木牌插在燕子矶休息亭边,上面写着3个大字——"想一想"。下面写着几行小字:"人生为一大事来,应当做一大事去。你年富力强,有国当救,有民当爱,怎可轻生!"另一块木牌放在燕子矶头的险要处,上面也写着3个大字——"死不得"。下面几行小字是:"死有重于泰山,有轻于鸿毛,你与其为个人的事投江而死,何不从事乡村教育,为中国农民努力而死呢?"

周国彪深深被陶行知的事迹所吸引,想进一步了解陶行知还有哪些丰功伟绩,为何死后人们依旧这样崇敬他。通过查阅相关资料,周国彪逐步走近了陶行知。通过研究,周国彪了解到,陶行知去世时,毛泽东的挽词是"痛悼伟大的人民教育家";周恩来对陶行知的赞誉是"无保留追随党的党外布尔什维克";宋庆龄的题词是"万世师表";郭沫若对陶行知的评价是"二千年前孔仲尼,二千年后陶行知"。陶行知是我国伟大的人民教育家,他为中国教育改造、普及人民教育、争取民族解放和建立人民民主的新中国奋斗一生。他创立的生活教育理论体系,对我国教育改革深入开展具有现实指导意义。他的品德、修养和理论都值得学习和继承。他是中国进步知识分子的典型。

陶行知1914年留学美国,在伊利诺大学攻读市政学,获政治硕士

"教学做合一"的践行者——周国彪教育思想研究

学位。同年秋进入哥伦比亚大学研究教育，是教育家杜威和孟禄的学生。1917年秋，陶行知回国，蒋介石聘请他当教育部长，陶行知却推辞了。陶行知认为中国教育改造的根本问题在农村。主张"到民间去"，还立下宏愿，要筹措100万元基金，征集100万位同志，提倡开设100万所学校，改造100万个乡村。因此他脱去西装，穿上草鞋，到农村创办学校，和师生同劳动、同生活，共同探索中国教育的新路。他的一辈子为了平民教学在奔忙，要用平民教育为"中国教育寻觅曙光"。

通过研究陶行知，周国彪发现他的岳父陶晓光居然就是中国第一个"小先生"。1923年，陶行知发动平民教育运动，在推行教育过程中，陶行知发现自己目不识丁的母亲很快学会了自己编写的教材《千字课》。仔细一问，居然是儿子陶晓光教奶奶识字的，是奶奶的"小先生"。受此启发，陶行知在中国推行"小先生制"，"小先生制"是指在"文化为公"、"知识为公"、"即知即传"等理念的指导下，学生自觉以一技一艺之长去帮助他人长进学习。主张让上学的孩子去教老人、教农民识字。在普及教育的同时，小先生好比电线，将学校与家庭、学校与社会沟通起来，于是社会变成学校。

通过进一步研究，周国彪发现岳父陶晓光不仅是陶行知的好儿子，还是他的好学生、好战友。20世纪30年代，陶行知在上海发动普及教育运动时还提倡普及现代生活教育。在陶行知的倡导下，陶晓光和表叔曹子云先生一同自行装成了手携式直流多管无线电收音机数十台，帮助父亲推行农村的电化教学，并带着电影放映机与发电机到农村为农民放电影。他是中国最早在农村为广大农民推行电化教育的先锋战士。他首创在上海的无线电台对市民进行爱国教育、文化教育，颇有成效。抗战胜利前后，当陶行知创办的育才学校在经济上最为困难时，陶晓光十分高兴地担任了育才学校驻印度的代表，到处筹募办学经费，给育才学校带来了及时雨。①

在日常生活中，岳父陶晓光很少跟周国彪谈及与陶行知共同奋斗的过往。偶尔说起，必要提及"毕业证书"事件。当年，陶晓光费了

---

① 陶城. 陶行知与中外文化教育[M]. 北京：人民教育出版社，1999：238-241.

九牛二虎之力在成都一家无线电厂找了份工作,厂方向他索要学历证明,而他却又没有正规学历。进退两难之际,陶晓光求助于当时育才学校的副校长,得到了一张晓庄学校"毕业证书"。陶行知得知此事,

周国彪与夫人一家合影

立即给儿子发电报和写信,要儿子赶快将"毕业证书"原件寄回。他教育儿子说:"我们必须坚持'宁为真白丁,不做假秀才'之主张……追求真理做真人,不可丝毫妥协……你记得这七个字,终身受用无穷,望你必须努力朝这方面修养,方是真学问。"最后,陶晓光断然退了那张"文凭"。由此,岳父陶晓光经常对女儿陶铮和女婿周国彪说:"陶家的第三代中只有你们是中学教师,还继续从事教育事业,这样我很欣慰。你们在工作中学习陶夫子的理论,发扬陶夫子的精神,但是绝不能有沾光思想,绝不允许打着陶夫子的旗号办私事,这是铁的纪律。"[1] 周国彪从岳父的期待中感到,当好一名人民教师是自己的使命,继承陶行知的事业是自己的义务和责任。

在"学陶[2]"过程中,周国彪对教师职业有了新的认识。三尺讲台看似狭小,却海纳百川。教师不仅要教学生如何做学问,更要教学生

---

[1] 此段引用,均经陶行知孙女陶铮证实。
[2] 学陶,即学习陶行知的简称,下同。

如何做人，正是"千教万教，教人求真；千学万学，学做真人"。十年树木百年树人，教师肩负着培养国家栋梁的重任。今天的教育质量，就是明天的国民素质；今天的教师发展，决定明天的教育成败。人生为一大事来，做一大事去。"教书育人"将是天下最重要的大事。教师是阳光下最辉煌的事业。

1985年，在办公室批改作业

（四）学生观的转变：从"糊涂先生"到"爱满天下"

学习陶行知教育思想后，周国彪的最大转变就是学生观的转变。原来周国彪很重视学生背单词、默单词。如果学生背错、默错，就要罚学生重复抄写单词。这是教师普遍使用的词汇学习监控策略。周国彪在教学中发现，这种方法效果不是非常理想，有时无论让学生抄多少遍，错误依旧顽固地存在。但是苦于没有其他更有效的方法，所以，周国彪一直使用"背、默、罚"的教学策略。直到有一天，周国彪收到往届毕业生寄来的贺卡。贺卡上写着："周老师，请您再也不要罚学生抄写单词五十遍了！"这个感叹号像一把利剑扎在周国彪的心中，也像一把钥匙开启了周国彪对自己教学方式的反思。他马上想到陶行知曾经写过的一首诗《糊涂的先生》[①]：

(一)
你这糊涂的先生！
你的学堂成了害人坑！
你的墨水笔下有冤魂！
你说瓦特庸。
你说牛顿笨。
你说像个鸡蛋坏了的爱迪生。
若信你的话，
那儿来火轮？
那儿来电灯？
那儿来的微积分？

(二)
你这糊涂的先生！
你的教鞭下有瓦特，
你的冷眼里有牛顿，
你的讥笑中有爱迪生。
你别忙着把他们赶跑。
你可要等到：
坐火轮，
点电灯，
学微积分，
才认他们是你当年的小学生？

这首诗，周国彪之前看过无数次，甚至可以倒背如流。但之前只

[①] 陶行知. 糊涂的先生 [M]//陶行知. 陶行知全集：第七卷. 成都：四川教育出版社，1991：36.

停留在学习和研读的水平上。当把学生来信与陶行知的理论结合后,周国彪深深反思,他认为自己虽然不像诗中的先生那样冷漠无情,但依旧是个"糊涂先生"。周国彪现在回想起当时的情景,还充满对自己学陶前那批老学生的歉疚:"自己年轻时,火气也挺大。课上有些孩子真是调皮!有时,我气急了,也揪着学生的领子,拉他出去罚站。有一次,一个高个子男生,上课不认真听讲,还顶撞老师。我一下子气急了,就过去拽他,想把他拉出教室。那个男生也很魁梧,又极力反抗。结果,两个人在拉扯间因为重心不稳,双双倒在地上,连滚几圈。现在想想,真是不堪回首。自己当时就是没有领会到陶行知思想的核心——爱满天下。"有人说:"学生的心灵,如长长的胶卷,教师的一言一行、一举一动,都会在上面'感光',留下永久的印迹。"正如植物有趋光性、趋水性一样,学生也有"向师性"。教师的德行常常在不知不觉中被学生观察着、效仿着。陶行知先生曾说:"真教育是心心相印的活动。"[①] 北京市特级教师霍懋征,用近60年的教育生涯总结成一句话:"没有爱就没有教育。"教育是植根于爱的,在心与心的交流中。教师爱学生,才能热爱教师工作,才能主动为学生的种种问题想办法。

周国彪的理念转变了,落实在教学行动上就是容许学生写错单词。这在很多老师看来无法理解。但是周国彪认为,容许不是放纵。他认为自己在写作时,即便是写中文,也会有错别字,这是人之常情。老师都会犯错,怎么能过分严苛地要求学生。而且,语言学习本身就是一个尝试错误的过程。人类从婴儿时期的牙牙学语到成年阶段的自如表达,其间会犯多少语法错误,会有多少词汇错误。如果每次错误,都受到处罚,人们就会产生恐惧心理,怕说错、怕写错,乃至怕语言交流。这样就会适得其反。因此,语言教师要宽容和理解学生语言交流中的错误,容许学生在相互沟通的过程中逐步纠正词汇拼写和句子内部结构。这样教学效果必然会更明显也更持久。经过周国彪的长期坚持,学生们不再怕英语,而是敢于用英语沟通,并期待上他的英语课。

---

① 陶行知. 这一年[M]//陶行知. 陶行知全集:第二卷. 成都:四川教育出版社,1991:44.

周国彪时时关注学生，处处关注学生，真正发自内心地喜欢学生，课前了解学生，课上鼓励学生，课后辅导学生，他的真心换来学生的优异成绩，涌现出一批又一批外语高才生和尖子生。他的辛劳换来学生对他的真心爱戴。在这种良性互动中，他感受到陶行知教育理论的真谛，也越来越热爱教师职业。周国彪说："任何职业，如果只有苦，没有乐，谁也不爱干。我也一样。但是只要和学生在一起，我就认为是乐。他们的点滴成长都牵动我的心。很多毕业后的学生都主动回来看我。当桃李遍天下的时候，我感到作为教师的幸福。这个职业不仅是我谋生的手段，更是我毕生追求的事业。"

50周年校庆时，与学生合影

三、成为骨干：飞跃

"飞跃"指事物从一种质态转变为另一种质态的转化形式，是质的转变。飞跃是自然界、人类社会和人的思维发展中的普遍现象。无论是化学现象中的化合和分解、生物现象中物种的变异，还是社会现象中社会形态的更替、认识过程中由感性到理性的上升运动等，都是通过决定性的飞跃来实现的。周国彪在成为骨干后，他在教育思想上的飞跃体现为，将陶行知的教育理论与教学实践全面结合；他在教学活动中的飞跃体现为，形成"严、活、实"的教学风格；他在教学效果方面的飞跃体现为，周国彪带领教研组全体成员打造的英语学科成为一七一中学的品牌学科，在东城区乃至全北京市享有盛誉。

周国彪能够在事业上产生飞跃，除了个人的勤奋与付出外，还得益于一个关键人物——周伯年校长的帮助，和一件关键事件——作为教育部的访问学者赴美国纽约州工作、学习一年。

（一）伯乐周伯年校长：为腾飞插上翅膀

1987年，一七一中学来了一位新校长——周伯年。周伯年校长的办学理念体现在他为一七一中学校歌撰写的歌词中："老师们面带微笑，洒汗水日夜操劳，心连心爱心一片，为我们铺路架桥。啊！一七一中学，亲爱的学校，知高为师是你的宗旨，德高为范是你的教导。啊！一七一中学，亲爱的学校，你给我们知识的力量，我们让祖国更加美好，我们让祖国更加美好。"周伯年校长认为学校的振兴在于拥有一支德能兼备的教师队伍。他立志为一七一中学培养一批名师，通过名师带动学科建设，再通过品牌学科，打造学校的知名度。

通过听推门课和参加教研组活动等方式，周伯年校长很快发现周国彪的潜力，决定将他定为重点培养对象。周伯年校长为周国彪量身制订了培养计划。该计划可以概括为六个字"一面教、一面喊"。"一面教"是指帮助周国彪总结教学思想，打磨教学本领。具体措施是为周国彪举办各级研讨会，请市、区级乃至教育部专家为他出言献策，帮助周国彪在理论上提升。"一面喊"是指学校搭建平台，组织多种教学观摩，创造一切机会向校外推出周国彪。具体措施是让周国彪参加各级各类教学大赛及学术活动等，帮助周国彪营造校外影响力。渐渐地，周国彪的外语教学逐渐创出品牌，一七一中学也借助英语学科在东城区甚至北京市小有名气。周校长的培养计划初见成效：推出周国彪，推出英语学科，推出一七一中学，一举三得。

成长：一分成长，九十九分感激

与周伯年校长青龙峡合影

在周国彪发展的关键期，周伯年校长为他寻找到了更宽阔的舞台——赴美访问交流。1990年，国家教委要在全国范围内选拔两名中学教师赴美进行多国语言比较教学研究。周伯年校长得到这一消息时，马上想到要推荐周国彪参与竞选。周伯年校长没有把周国彪当作一七一中学的私有财产，禁锢在一七一中学内。他对周国彪的发展有更长远的设想。他认为，中学教师赴美国高校研修是个千载难逢的好机会，出国能够开拓周国彪视野，同时能够提高英语专业水平和教育教学水平。这是从教书匠到教育家转变的关键一步。为此，周伯年校长一次次找市、区领导做工作，自己主动做周国彪的担保人，保证周国彪学成归国。周国彪非常珍惜周校长帮他争取的这个机会，经过层层选拔，最后周国彪终于成为全国选拔的两位教师之一，他将代表中国教师作为国家教委访问学者赴美国纽约州进修讲学。一名中学教师得以到美国交流进修，这是多么难得的机会！为此，他感念周伯年校长的知遇之恩，也更加热爱一七一中学。

韩愈说："世有伯乐，然后有千里马。千里马常有，而伯乐不常有。"周伯年校长正是周国彪的伯乐。周伯年校长常说："有坐轿子的人，更要有抬轿子的人。"他将自己定位为"抬轿子的人"，这就是公仆意识的体现。正如山西省实验中学校长苏建庭所说："'校长'听起来是一个有点让人敬畏的称呼，但在学校工作中，校长应该是一个全心全意地为教师、学生服务的公仆。在学校管理中,教师是主体,校长则是学校工作的设计者、组织者,更重要的是服务者。校长只有一切从服务教师实际出发,才能给教师创设一个民主、和谐、宽松的环境。校长的用人艺术,是一所学校生存和发展的关键,尤其在办学社会化竞争日益激烈的今天,校长用人艺术已经成为提高办学水平、不断增强学校内部活力和竞争力的最重要因素。"①

(二)语言水平飞跃:在美国做访问学者

周国彪常说,人是要有一点精神的,要不断地学习,"半亩方塘一鉴开,天光云影共徘徊。问渠哪得清如许,为有源头活水来"②。讲的是人的学习不可能一蹴而就,要做到"清如许",就要天天学习。1990年周国彪以优异成绩通过国家级外语专业选拔考试,作为全国中学外语教师仅有的两名代表之一,以国家教委访问学者的身份赴美国讲学。

在美国纽约留影

---

① 苏建庭. 教师的服务者 [J]. 上海教育, 2006 (13): 52.
② 此诗是南宋著名理学家朱熹的《观书有感》。

他珍惜在大洋彼岸的分分秒秒，抓紧一切机会开拓自身的业务领域。在纽约州教育部多国语言文化比较中心的直接指导下，与来自德国、法国、西班牙、意大利以及东道国的专家、学者一起从事语言文化教育的比较研究与实践。同时在纽约州立大学下属高级中学执教讲学，举办各类专题讲座与研讨，获取了大量最新的语言教学信息和方法，拓宽了视野，得到了锻炼，积累了深厚的文化底蕴，同时语言能力也获得了飞跃性的发展。周国彪出色的教学及研究成果，受到美方专家的一致好评，为此纽约州立电视台对他的教学工作做了现场专题采访和电视实况报道，纽约州教育部向他颁发了表彰证书。在美国的一年多，周国彪念念不忘的是今后如何做好外语教学这门学问。他潜心研究、探索中国的外语教学应该教什么和怎样教的问题。他的钻研精神，促使他的教学教研能力上升到一个新的层次。他把这次出国的经历，当成自己在教学中的加油站，起到"如虎添翼"的作用，他决心要教得更好些，让学生学得更好些。尽管美方一再挽留他，但他毅然谢绝了美方的盛情，重新回到他深爱的祖国，回到一七一中学的讲台上，贡献自己的光和热。

1. 中学老师要有大学教授的视野和探究精神

在美国做访问学者期间，周国彪选修了"现代语言学"、"应用语

与美国专家合影

言学"、"语用学"、"英美文学"、"美学"等课程。并从师于纽约州立大学 Al Vos 教授，完成了《汉英语言的比较研究》等多篇英文论文。通过理论学习和撰写论文，周国彪从研究者的视角重新审视中学教学遇到的实践问题，找到问题产生的理论根源以及问题解决的有效方法，为回国后的语言教学奠定了基础。

　　周国彪重点研究跨文化语言意识问题，这也是他一直关注的问题。古巴留学期间，他模糊地感到西班牙语与英语比较接近，与汉语比较疏远。国内教学期间，他感性地认识到两种语言间没有词汇可以完全一一对应。在美国做访问学者期间，他通过研究认识到，语言是文化的载体，也是文化的写照。可以说"语言是显性的文化，而文化则是隐性的语言"。学习英语不仅是掌握语言的过程，也是接触和认识另一种文化的过程。文化因素始终隐含在英语学习的过程中。说不同语言、来自不同文化背景的人，其思维方法、价值观念和人格具有不同风格、特点。

　　第一，语言文化差异表现为"词汇空缺①"，即在目的语或母语文化中无对应词，这些词汇往往是文化内涵所特有的。比如，汉文化尊重长辈，称呼年长的人，汉语用"您"这个人称代词作为敬语。在英语中却不使用敬语，在英语中，晚辈可以称呼比自己年长的人 Miss./Mrs./Mr. 加上姓，甚至可以直接叫名字，这是与近现代西方社会群体中的平等意识密切相关。又如，汉文化注重家族成员间的人际关系，用"表兄"、"表弟"、"堂兄"、"堂弟"表示出亲缘关系的远近。在英语中"brother"一词，只能表明两人有血缘关系，不加注解时，有时甚至无法分清是哥哥还是弟弟。

　　第二，语言文化差异表现为"先设概念②"不同。先设概念可以表现为人际交往中的语境假设。比如，西方人崇拜个人奋斗，尤其为个人取得的成就自豪，从来不掩饰自己的自信心、荣誉感以及在获得成就后的狂喜。然而，中国人反对王婆卖瓜式的自吹自擂，注重谦虚，

---

① 范达. 跨文化语言交际中的语用迁移 [J]. 中国轻工教育，2008 (3)：6-8.
② 同上.

交际时讲求"卑己尊人",尤其受到别人称赞时,往往会自贬一番,以表谦虚有礼。经常会出现这样的对话:"Your English is very good.""No, no, my English is very poor.";"You've done a very good job.""No, I don't think so. It's the result of joint efforts."中国式的自我谦虚或自我否定常常使西方人大为不满。因为这种谦虚,在西方人看来,不仅否定了自己,还否定了赞扬者的鉴赏力。中国式的谦虚在西方是行不通的。**先设概念还可以表现为对同一词汇的不同文化解读**。比如,西方人对"dragon"和中国人对"龙"的认识是完全不一样的。周国彪在阅读教学中遇到过介绍"Four Asian Tigers"("亚洲四小龙")的文章。他就借助这个汉英文化差异的典型例子,深入剖析。他告诉学生:"在英语中,'dragon'为神话中有翅膀、能吐火的怪兽,还可以指凶悍、桀骜不驯的人,尤其是'悍妇'。而中国的'龙'则是吉祥的象征,是汉民族崇敬的神兽。相反,'老虎'在中文里常常和'凶悍'相联系,所以中文的'悍妇'叫'母老虎'。因为新加坡、香港、台湾、南朝鲜这四个国家和地区都深受中华文化的影响,所以中文称之为'四小龙',而不是'四小虎'。由于'龙'和'dragon'的文化内涵不同,现在很多人指出,要把'龙'翻译成英语,不能用'dragon',而要用音译的新词'long',或者'Chinese dragon'。"这一席话让学生听得津津有味,学习的兴趣也提高了,整节课都全神贯注,学习效果非常好。

周国彪在进行汉英语言文化的比较与研究时,非常注意收集文化、生活、思维等各个方面的资料,从而对这种跨文化语言差异背后的原因进行深层次的分析。后来这些分析和研究都被他应用到回国后的语言教学中,拓宽学生的视野,避免学生因"文化休克"造成交际障碍,促使学生接触世界各国的优秀文化,提高学生的文化品位与审美情趣,进而提高其跨文化交际的意识。

第三,语言文化差异表现为宗教文化产生的语言文化特异性。西方文明的源头是希腊哲学,是基督教文化。在西方,哲学通常与逻辑学、自然科学相结合,比较注重逻辑分析。中国文明的源头是儒家文化和道家文化。中国传统哲学(儒家、道家)强调整体观点,认为世

与学生参观美国历史博物馆

界是一个整体。这种思维角度的不同造成了跨文化交际时语意上的模糊和混淆。因此，周国彪认为要领悟英语的文化内涵，就要从《圣经》入手。在美国，《圣经》是免费发放的，很多地方都摆放着《圣经》，供大众随时阅读。在随手翻阅的过程中，周国彪逐渐发现圣经语言的经典，从中可以了解很多词语的出处，是英语教师的重要参考书。高中英语语言材料中的不少典故都出自圣经里的故事。如，在一篇阅读文章中有这样一句话："The little native children ran around the beach in their birthday suit."学生看了以后，感到莫名其妙：儿童怎么穿着出生时的衣服在海滨上跑呢？周国彪马上解释，根据基督教的教义，亚当和夏娃是人类的两个始祖，他们被上帝造出来的时候，都是赤裸裸的，不穿衣服。所以英语中"in one's birthday suit"是一个幽默的表达法，意思是赤身裸体（= complete nakedness）。所以这句话其实是说，孩子都光着身子在海滩上跑。除此之外，又如，"What he played on that occasion was no more than a Judas kiss"中的"a Judas kiss"（犹大的吻）= "an act of treachery；at the eleventh hour = at the last possibler moment"（天国伊甸园雇工的最后截止时间）等。了解词语的来龙去脉，自然能准确到位地理解语言材料的真正含义，学生十分需要，十分感兴趣，这样就很能抓住学生的语言学习欲望。周国彪在教学材料中就遇到过这样一个句子："The sofa he bought yesterday was found to be an apple of Sodom."学生们感到很迷茫，不知所云。其实卡点就是"an apple of Sodom"（索多玛的苹果）的确切意义。如果不仔细研读圣经，当然很难了解其中的含义。其实，"Sodom"是圣经中所说的远古时代死海南岸的一座城市。圣经中称其为"罪恶之都"，并且说上帝以其居民罪孽深重，特降天火焚毁了整个城市，之后这个地方长出了果树，结出的果实外表十分可爱，然而里面却是一包灰烬。"an apple of Sodom"一语及其含义即由此而来，专指漂亮而不中用的东西。这样学生对原句的意义便迎刃而解了。

　　第四，语言文化差异表现为特有生活方式产生的语言文化特异性。一次周末，周国彪与美国同事从纽约开车去朋友家串门。路上，他见一幢住宅的车库门前的草坪上摆放着多种家庭生活杂物，穿的、用的

为外国友人过生日

种类挺多，还有路人在其中挑挑拣拣。周国彪很好奇，便停下车看个究竟。美国同事向他介绍，这叫"garage sale"，也叫"yard sale"，是一种非正式、不定期的周末家庭地摊。房屋的主人将家中不需要的多余物品拿出来卖，有些物品还很新，甚至没有用过，路人只要出点钱就能拿走所需物品。周国彪自己就在"garage sale"上仅花两元买了一台几乎新的手提打字机，非常实用，真是物美价廉。回国后，真的有学生问过周国彪什么叫"garage sale"，周国彪就给学生讲了自己的亲

身经历,并且告诉学生,这个词组重点要理解"garage"。另外,在美国人生活中每天接触到的类似 car-pool, drugstore, motel, buffet 这样的词,都是他的学生感兴趣而又迷茫的异国文化背景中的生活常识。

第五,语言文化差异表现为思维习惯产生的语言文化特异性。跟美国人一起在路上行走,看见前面地上有脏水,你就会提醒同行的人"小心"。如果我们说:"Be careful!"美国人会感到莫名其妙,他绝不会往脚下看。而美国人则很自然地说:"Watch your steps!"同样,当过马路时,如要提醒同行人"小心",则为:"Look out!"这样的例子还有很多,见下表。

我们常用的英语表达方式	美国人的表达方式
Someone told me about it	I was told about it
Hi, Jack. You have a telephone call	Hi, Jack. You are wanted on the phone
I didn't expect you were here	I didn't expect to see you here

类似的日常用语都需要教师有意地渗透于课堂,促使学生尽可能多地接触一些地道正宗的日常英语。

周国彪认为,高中阶段英语教学的兴趣点,不应仅仅体现在课堂活动中,更应该体现在语言文化内涵的深刻性上,让学生了解语言背后的知识与跨文化的语言意识是很重要的。文化和思维差异造成了日常用语差异。因此,要学地道的英语,学习能与当地人交流的英语,只能模仿,不能创造。

通过跨文化语言问题的研究,周国彪认识到中学教师要有大学教授的视野和探究精神。要知其然,更要知其所以然。遇到问题时要进行理论分析与探讨,在前人研究的基础上提出适合自己的解决方案,通过在教学中不断实践,最终形成自己的教学方法与特色。

2. 只讲了三分之一的讲义

"教学做合一"是周国彪一直秉持的教学理念。在美国留学期间,他没有将自己封闭在象牙塔内做理论研究,而是主动深入到教学一线,去实践学习到的理论,并用实践经验丰富理论研究。

举办"中国日"留影

周国彪经常到纽约州立大学及其下属的纽约州宾厄姆顿市切乃戈福克斯高级中学讲授中国文化、历史,并参与日常的教学研究。他与美国学生们一起聊天、娱乐,还经常接受美国民间社会团体的邀请做专题报告及各类讲座。

第一次在美国教书,面对多种肤色的美国学生,周国彪也很紧张,备课就是备学生,但是他对美国学生并不了解。于是,他就准备了一个详细的讲义及教案。走上讲台他才发现,这第一堂课跟自己想象中完全不同。他按教案讲了不到三分之一,就有学生开始纷纷举手提问。周国彪无奈只能抛开讲义,一一解答,与学生展开互动交流。渐渐地,他的课在向美国同行靠拢。每次课上老师抛出主题,让学生发言。学生们也都非常爱表现,从不扭捏,他们都争先恐后地谈自己的观点,最后老师再进行引导,把考试可能要考到的东西给学生做一个讲解。这种课,课堂气氛轻松,效果好,很受学生欢迎,没有一个学生上课走神或打瞌睡。

周国彪课后反思,认为这种互动式的课堂能够使师生双方都得到锻炼,真可谓教学相长。首先,周国彪锻炼了听力。由于是学生课上随口提问,语速快,口语多,连读多,周国彪开始要十分关注地倾听,甚至要让对方重复一下,才能理解。但是通过一段时间的练习就可以沟通自如。其次,周国彪锻炼了口语表达能力。学生提问的大部分内容是提纲上没有或者周国彪没有事先准备的内容。这些问题如果让周国彪用中文回答,他能非常自信地娓娓道来。但是,短时间内用英文组织语言,将不同文化背景下的内容讲解清楚,这可以是一项难度很

与美国地方官员握手留影

高的挑战。不过,这一挑战却极好地锻炼了周国彪的口才。最后,美国学生开始了解中国。在互动中,周国彪惊讶地发现很多美国学生对中国的了解就是一张白纸。有些人甚至认为中国男人还留辫子。这让周国彪更加感到自己责任重大。他认真准备,耐心讲解,生动举例,为美国学生打开了了解中国的窗口。周国彪出色的教学效果,以及扎实的语言功底,受到了美方的一致好评。为此纽约州宾厄姆顿市WBNG电台对周国彪的教学工作做了现场专题采访及实况报道,反响强烈。

(三)教学能力飞跃:形成"严、活、实"的教学风格

回国后,周国彪重新站在他所钟爱的三尺讲台,全身心投入到国

内基础英语教学改革之中,把自己在美国的所学所想与陶行知"生活即教育"的教学思想相结合,并应用于英语课堂教学实践中,逐渐形成了"严、活、实"的教学风格。

"严"指的是严格控制教学质量。在周国彪看来,句子是英语交际的基本单位,"句子意识"是学生掌握语言知识和建立能力的基础,所以他对学生使用句子的能力有严格的要求。相反,他对学生的英语拼写没有苛刻要求,认为个别拼写错误并不影响交际。

"活"包括学生学得活和教师教得活,即通过鲜活的课堂教学,培养学生灵活的交际能力。学生"学得活"是指学生既要能够用多种表达法表示一个意思,做到"一义多形",又要能根据语境灵活理解词汇的意义,做到"一词多义"。教师"教得活"是指教师上课时通过多种活动,因学论教、因势利导,注重学习兴趣,关注句子的结构与意义,在语言实践中强调"一句多型",提倡"All roads lead to Rome."的语言表达原则,训练并提升学生的实际语言运用能力。

课堂教学实况

"实"是指教学活动扎实,崇实辍虚,在落实英语教学的有效性,即效果、效率、效益三者的统一上切切实实下功夫。周国彪始终致力于建立"适合我国的实用主义的基础英语教学体系"。"实用主义"指的就是注重实效。针对教学中种种"效果不实"的问题,周国彪提出,教学中存在三个"不等式"：

  教≠学

  学≠习

  懂≠会

  "教≠学"是指教学活动不一定等同于学习活动，教师在努力地教，不等于学生在有效地学。很多教师简单地把教学效果不好的原因归咎于学生，指责学生笨，埋怨学生不爱学，却很少从自身找原因。其实真正的问题在于，这些教师仍然陷于"教师中心"、"知识中心"的课程观中，只关注教，不关注学，教学活动违背了学生的认知水平和兴趣爱好，教学效果自然不理想。这个不等式从另一个侧面提醒我们"因学论教"的重要性。

  "学≠习"是指教学活动不一定等同于实践活动。"习"（繁体字作"習"）本来是一个会意字，从羽部，与鸟飞有关，本义指小鸟反复地试飞。因此，"习"是和"实践、演习"密切相关的。孔子所说的"学而时习之，不亦说乎"是众所周知的一句名言。有人认为这里面的"习"是指"温习、复习"。杨伯峻等专家却指出，"习"应该是"实习、演习"的意思，也就是指"实践"。这不仅是因为"习"字本身有这种含义，更是因为孔子讲习的功课（礼、乐、射、御、书、数，统称"六艺"）与社会生活联系密切，非得演习、实习不可。因此，这句话的意思不是说，"时时复习所学内容是一件多么愉快的事情"，而是指"学了，然后按一定时间去实习，不也高兴吗"[①]。掌握外语离不开学生的语言实践，因"习"而"得"，但是学生在课堂上往往缺乏"习得"语言的过程，听而不练、背而不用。因为没有"习"，所以教师教授的课程并没有转化为学生掌握的课程。正如陶行知所说："从学习的原则看起来，事怎样做，就须怎样学。譬如游泳，要在水里游；学游泳，就须在水里学。若不下水，只管在岸上读游泳的书籍，做游

[①] 杨伯峻. 论语译注［M］. 北京：中华书局，1980：1.

泳的动作，纵然学了一世，到了下水的时候，还是要沉下去的。"① 因此，陶行知直言："中国教育的一个普遍的误解是以为：用嘴讲便是教，用耳听便是学，用手干便是做。这样不但误解了做，也误解了学与教。我们主张教学做是一件事的三方面：对事说是做，对自己之进步说是学，对别人的影响说是教。"②

"懂≠会"是指学生理解了知识不等于学生会正确运用知识。很多老师都遇到过这样的学生，一说就懂，一用就错。这是因为"懂"只是理解知识，离运用知识还差得很远。根据美国教育理论家布卢姆（Bloom，B. S.）的理论，认知类的教学目标可以分为"记忆（knowledge）、理解（comprehension）、运用（application）、分析（analysis）、综合（synthesis）、评价（evaluation）"六个层次。"懂"就相当于"记忆、理解"，而"会"则要求学生能做到"运用、分析、综合、评价"。因此，教师需要努力帮助学生"学会"，而不能满足于只提供简单的记忆、重复活动。

周国彪的三个不等式说明了教学的实效来自学生的"学"、"习"、"会"。为了取得实效，教师要从关注"教"转变为关注"学生学"，从关注学生对知识的记忆到关注学生的实践和对知识的运用。在课堂上，教师要给学生以学习的过程、实践的过程和应用的过程。这三个不等式从另一个角度体现了"教学做合一"的重要性。只有以学生的实践（"做"）为基础，让学生在做中学、做中练、做中用，教学才能有实效。

下面，选取"导入词组 object to"作为教学案例，展现周国彪"严、活、实"的教学风格。

学生要学"object to"这个词组。在引入这个词组之前，周国彪先让学生操练一下表示"反对"的表达法。

分析：这体现了周国彪教学风格的"实"。这样做的目的有三个：

---

① 陶行知. 学生自治问题之研究［M］//陶行知. 陶行知全集：第一卷. 成都：四川教育出版社，1991：30.
② 陶行知. 答朱瑞琰之问［M］//陶行知. 陶行知全集：第二卷. 成都：四川教育出版社，1991：19.

第一，给学生实践的机会，英语的主要功能是沟通、表达，所以课上周国彪会尽量创造机会让学生表达和实践；第二，备学生的一种方式，通过了解学生已有知识水平，找到新旧知识的结合点，逐步渗透，做到温故而知新；第三，让学生自身有信息加工的准备过程，认知心理学认为理解是对信息的提取和加工的过程。准备过程的主要任务是提取相关的知识点和知识结构。如果没有准备过程，学生每次学到的都是新内容，长此以往，语言的素材就是散乱分离的一个个词组，而不是联系在一起的文章或相互关联的表达法。

一个学生说了介词"against"，并造句："He against my plan."（他反对我的计划。）周国彪提醒他，这句话没有动词作核心，"against"只是介词。于是引导学生把句子改成："He is against my plan."

分析：这体现了周国彪的"严"。他严格要求学生建立句子意识，一定要抓住句子的核心——动词。每个表达、每次作业、每个练习都反复强调。

周国彪接着问："这句话还可以怎么表达？"有的学生说："He disagrees on my plan."另一个学生说："He opposes my plan."周国彪说："你们说得都对，against 就是指 opposing or disagreeing on sth./with sb.。oppose 是指 strongly disagree with，程度比 disagree 要深。"

分析：这体现了周国彪教学风格的"活"。一方面是语言用法的灵活性：一义多词、一义多型。同时也指周国彪处理手段和思维方式的灵活性。他没有事先设定所谓的"正确答案"或"标准答案"，而是从学生的回答中寻找答案，就像时刻跑动着准备接球的运动员，有效地回应学生抛过来的每一个"球"。任何答案出现，他可以迅速判断，并加以指导，学生会沿着他指导的思路继续提供新反馈。一堂课下来，通过与学生有来有往的积极互动，就像打了一场思维的好球，他和学生都有收获，都有新奇的发现，这就是当教师的魅力所在。

我们还要学一个词组：object to，也是 disagree on/with 的意思。

分析：一切铺垫妥当，引入新概念。

很多中学生都有这样的问题，"学了"很多词汇，但是"学到"的词汇却很少。究其原因，就是缺乏运用和实践。在这个案例中，周国彪引导学生回忆和使用表示"反对"的词汇,既实践了已学词汇,又引出了新词汇。另外,周国彪非常重视提示学生同义词之间的细微差别。世界上没有两片一模一样的叶子,语言中也没有两个意义和用法完全相同的词汇。而学生往往误以为同义词就可以毫无保留地相互替换,所以,这种想法就需要老师给予及时地纠正和引导。

四、评为特级:引领

英语作为一七一中学的一门拳头学科,在北京市及东城区内外有很大影响。连年英语学科教育教学的好成绩,也足以让每一个一七一中学的人引以骄傲。但随着基础教育教学改革的日趋深入,英语教学必须与时俱进。

2001年7月"英语课程标准"颁布,随之而来的是新一轮基础教育课程改革的全面启动。新课程改革倡导教师与新课程一同成长,对教师专业化发展提出了新的要求。在这场深刻的新课程改革中,一线英语教师从课堂教学的实际出发,从中发现很多带有共性的典型问题,在思想上产生了种种疑惑。这表明教师原有的教育教学价值观念发生了动摇,经历着冲突,亟待重建。周国彪认为这是一件好事,他如饥似渴,不懈探索,注重实践,研究问题,解决问题,去追求教学的实际效果与效率。2002年起,他带领教研组以英语实验班作为英语深入教学改革的切入口,作为加强英语教学的一项举措,以此巩固和发展学科特色,全面提升英语教育教学水平。在这个过程中,经验和成果并存。

(一)观念引领:走继承和创新相结合的有效教学之路

1. 现代外语教学的四个"二"

周国彪提出了现代外语教学的四个"二":①外语教育的核心有二:实践能力和创造能力。②外语教育的定位有二:工具性和人文性。

③**外语教育面临的问题有二**：第一，什么是基础。基础的东西自然是最好的，也是最重要的。它应包括：语言规则系统的重构（语音、语法和语义）；语言交际能力的培养（即在交际环境中正确、恰当地运用英语能力的培养）。第二，什么是知识及能力最有效的呈现方式。联合国教科文组织对外语教学质量的评估有这样一个公式，外语教学质量＝［学生＋教材＋环境＋教法］×教师。这个公式表明，虽然效果包括课程、教材、教法、学法等诸多方面，但是教师的素质与教学质量成正比。当然教无定法，贵在得法，教学是一门艺术，教师必须在实践中勤思考、勤探索，遵循语言教学的规律，以学生为中心，优化课堂教学。

④**外语教育的转化有二**：知识转化为智慧，理论转化为方法。

2. 教师的三个转变、三种认识

教育创新也好，新课改也好，都要通过一个过程，一个自我发展更新的过程，一个积累、比较的过程，一个基本的训练过程。顺利经过这一过程之后，才能在扎实的研究、实践中走出一条新路，大步向前。教育观念的转变是英语教改的根本所在。教学观念的更新是教材更新、教法更新的前提和关键。基础英语教学必须贯彻"**以人为本、以学为本、因学论教、教学做合一**"的教学理念，让学生在学习过程中得到各方面的发展。为此，教师必须在思想上、行动上实现三个转变：**转变观念、转变角色、转变功能**。变英语教师（teacher）为英语教学活动的组织者（organizer）、学生发展的促进者（promoter）、课程的开发者和研究者（developer and researcher）。变以教师为中心（teacher-centered）为以学生为中心（student-centered）和以活动为中心（activity-centered），突出语言学习的体验性和实践性，强调语言的输入量（language in-put）和真实语言（authentic language）实践的机会，促使学生语言知识的学习和能力的培养相统一，语言的教育与思想情感的教育相统一，语言智力的开发和语言智能的培养相统一，最终实现"**教语言、教文化、教育人的综合统一**"。

周国彪认为："在英语课堂教学的全过程，教师的整体作用是协调（coordination）、促进（facilitation）和指导（guidance），这一点不容置疑。教和学是互相支持的,发挥学生主体性并不等于削弱教师的课堂地位和作用。课堂上,教师和学生都是共同管理学习的参与者。课堂气氛是需要教师和学生共同创造的,对课堂教学的成功与否共同承担责任。没有学生对所学语言的乐学情绪,没有学生的合作态度,就不会有既宽松又和谐的气氛。课堂上,不管教师是示范者、组织者、促进者、监督者、知识的提供者,还是课程的开发者,教师都要创造一种积极的气氛,让学生得以充分调动、充分发挥;不管学生的主体能力怎么样,教师都要通过课堂活动,有意识地提升学生的认知和技能水平,使学生的自主创新意识更强;不管学生的认知和技能达到怎样的地步,教师都要认真反馈、分析问题、及时帮助;不管课堂教学怎样进行,教师都要进行管理和引导,以保持课堂的动态平衡。课堂上,教师还要突出语言学习的体验性和实践性,指导学生更好地将语言形式和语言意义相结合,做到语言形式为表达语言意义服务,强调语言的输入量和真实语言实践的机会,使 learning 和 doing 互相促进和融合,使学生学会做一个积极的创造性语言的使用者。"

周国彪认为英语教师要从以下三个方面重新认识教与学:

①英语的教与学应当是全方位的、完整的,既包括语言知识、英语国家文化知识的学习,也包括态度、技能和学习策略的学习。显然,教学活动也应该是多样化的,既要有操练性的练习活动,也应当有探索性的、自主实践的活动。各种教学活动之间不应是相互排斥的,而应是相互融合、互为补充的,教学内容应与学生情感两个层面相结合。

②英语教学的有效性建立在学生主动参与语言实践的基础上。语言教学如果缺乏主体建构,缺乏体验、合作、探究,缺乏认同感,学生的学习就很难产生成就感。可见,学生的语言实践活动应该成为课堂活动的主要内容,教学的方法、形式应与学生的愉快学习体验相结合,各项语言要求与各类学生发展相结合。

③英语教学要考虑学生之间的差异,要避免将差异性简化为语言潜能的差异或智商的差异,要重视学生学习风格不同、经验背景不同和情感态度不同所带来的差异,注重学生全面发展与个性差异的统一,从而使教学真正促进全体学生的语言发展。

3. 紧紧抓住了现代英语教学的四个重点

（1）创造性地使用教材

现代英语教学已不再把教材看作是教学的金科玉律，而把它看作是一种教学资源。教材不是"圣经"，教材是可变的、发展的和开放的。根据语言的"输出、输入"规律，课本绝不是教学的全部内容，教材内容必须进行整合，让教材为我所需、为我所用。

在实施语言教学时，教师应"量力而行"。这个"力"就是学生的实际情况；这个"行"就是增减、改编、重组教学内容，使教材服务于学生，而不是让学生适应教材。教师必须摒弃"教教材"的传统观念，摒弃"班班同教材，师师同教案"的局面，树立"用教材教"的教学思想，灵活地创造性地使用教材，教师可对教材的内容、编排顺序、教学方法等进行适当地取舍或调整，以尽力营造相对宽松的课程环境。教师必须突破固有的思维定式，从更深层次上认识教材和合理使用教材。

周国彪指导一七一中学英语实验班选用国外原版教材《剑桥国际英语教程》为主教材，结合统编教材，以话题为教学单元，突出教学重点，筛选教学内容，根据学生的实际情况，并以任务型教学与传统的知识性教学相结合的教学方式呈现出来。授课教师做了大量的案头工作，突出了语言的交际性和实践性，优化了教学内容，提高了课堂效率，取得了良好的教育教学效果。

（2）坚守好课堂教学这块"主阵地"

周国彪始终坚守住课堂教学这块"主阵地"，带领教研组具体抓了三个环节：课前——备课（备学生、备教材、备教法）；课内——执教（师生关系、教学互动、教学机智）；课后——反思（反思得失、反思疑难、反思创新）。围绕三个环节抓落实、抓效益，构建"**以学生为主体、以主题为线索、以活动为中心**"的课堂教学模式。他要求教师在课堂中增强英语教学的开放性和灵活性，把有利于学生全面语言素质的提高及终身发展作为出发点，使自己的课堂教学设计符合学生生理和心理特点，促使师生彼此间形成"**教师启动、师生互动、学生主动**"

的真正的"学习共同体"。在这样的课堂教学过程中，教师根据教材要求，围绕各个不同的主题收集资料，精心组织教学活动，引导学生提问、思考、积极参加活动、表达自己的观点，帮助学生探索问题、得出结论、消化和积累那些围绕某一主题而展开的语言现象和语言材料，充分发挥他们的能动性、自主性和创造性。这样有助于培养学生对英语学习的长久兴趣，消除心理压力，赋予学生将英语作为交际工具的勇气和能力。

（3）加强英语教学的文化内涵，拓宽学生的视野

语言是文化的载体，也是文化的写照。学习英语不仅是掌握语言的过程，也是接触和认识另一种文化的过程。文化因素始终隐含在英语学习的过程中。说不同语言、来自不同文化背景的人，其思维方法、价值观念和人格具有不同风格、特点。因此，英语教师应当根据学生的特点和认知能力，结合学生的生活实际，为学生提供尽量丰富的文化知识，拓宽学生的视野，培养学生对中外文化差异的敏感性和鉴别能力，进而提高其跨文化交际的能力。这不仅可避免学生因"文化休克"造成的交际障碍，而且能使学生接触世界各国的优秀文化，提高学生的文化品位与审美情趣。这样，不仅在语言知识教学中有机融合了世界信息与中国国情，而且能增强学生学习英语的动力，提高他们的学习兴趣。

周国彪所负责的英语实验班千方百计创设真实的英语学习情境，走出去（两次赴澳大利亚接受原汁原味的语言熏陶，体验当地的风俗文化），请进来（欣赏原版英语歌曲、电影、报刊），给学生提供真实语言的实践机会。在学生中开展"模仿秀"、"看电影学英语"、"英语歌曲大奖赛"、"读报知识竞赛"、"英语短剧表演"等丰富多彩的接触真实英语的实践活动，学生能不断从中体验真正的英语的滋味和魅力，增强了兴趣，获得了享受，提高了能力。

（4）走出校门，当"小先生"，开辟第二课堂的语言实践活动

"不做无学，不做无教"，周国彪还在课外积极实践陶行知的"小先生"教学法。陶行知把"会做小先生"列为育才学校学生必须掌握的技能。他在"育才二十三常能"中将"会做小先生"作为初级十六

常能之一,具体要求是:"会做小先生:包括帮助工友、同学以及学校附近农友等。(在"文化为公"、"知识为公"、"即知即传"的号召下,自动的以一技一艺之长去帮助人长进中学习。)"[①] "小先生制"让学生把"做"和"教"结合在一起,既有利于学生自身对知识的掌握,也有利于学校与社区的互动,传播知识。上海市行知中学等学校在将"小先生制"引入英语教学方面,进行了有益的探索。[②] 周国彪借助北京申办奥运会、全民学英语的热潮,让学生走出校门,在社区里当"小先生",见大世面,做"大气"的社会人。下面是具体做法:

学生利用课余时间自愿组成不同的小组,自己制定话题,集体备课,写出教案。教师进行审查和辅导,即上岗前的培训。在一七一中学周围的五所小学以及和平里街道社区,孩子们带着他们的自信走上讲台,把自己学到的语言知识拿出来与小学的弟弟妹妹们分享与交流;教街道的爷爷奶奶们学外语,用自己的知识为奥运服务。在整个活动的策划与准备过程中,学生们倾注了极大的热情,服务社会,锻炼自己。有的学生在"活动小结"中写道:"每次经历,就像雀巢咖啡的广告里讲的——滴滴香浓,意犹未尽。如果有可能,我还要来一杯。"可见,设计合理的"小先生"社会实践活动,不仅能提高学生的语言应用能力,还能提高学生的交际能力与协作能力,使学生获得自我价值实现的成就感。

(二) 教研组引领:发挥整体优势,形成学科特色

教研组是学校管理的基层单位,是教师实现专业发展的肥沃土壤,也是打造学习型、研究型教师团队的核心力量,更是教师团队合作的有效平台。自1987年至今,周国彪一直都担任英语教研组组长。他一贯注重合力,充分发挥教研组的整体优势,让组内优质教学资源得以

---

① 陶行知. 育才二十三常能 [M]//陶行知. 陶行知文集:下册. 南京:江苏教育出版社, 2008: 881.
② 胡玉珍. "小先生"方法在外语教学中的运用 [J]. 上海教育科研, 1997 (5): 47-48.

充分利用、合理共享。他带领全组教师接受挑战，两眼向内，敢找差距；两眼向外，敢比先进；求真务实，敢上水平。他确立的既定基本工作思路为"教师第一、课堂第一、质量第一"，提出"教语言、教文化、教育人综合统一"的语言教学的基本思路，并以此引领教师的教育教学行为，让组内教师广泛接受并认同教研组关于英语教学的基本构想，并将其内化为自身的行动与需求。同时让这一构想成为具有时代精神和本校特色的教师文化的重要组成部分。通过不断学习、实践、反思、探索，促使教师的教育教学能力不断提高，并向更高层次发展。

为把教研组打造成为先进教育思想和教育理论的信息中心，全面推进素质教育、提高教师素质的培训中心，专业引领、教学艺术的交流中心以及直面学科实际、开展教学实践的研究中心，他始终不渝地坚持立足课堂、研究课堂、研究教法、研究学法，为建立英语示范教学、打造研究型教师团队、形成学校学科特色而不懈努力。

1. 关注教师的专业发展

当新课改来临时，周国彪认识到新课改为学校英语教研工作提供了广阔的施展空间，也给教研工作带来了前所未有的挑战。在新的课程理念下，教师的教学行为、学生的学习反思以及教师与学生在课堂中的地位和关系等都发生了较大的转变。因此新课改不仅要关注学生的发展，也要关注教师的发展。为了带领教研组更快更好地适应教研工作的职能、方式和角色方面的新变化，周国彪提出三个重要举措，进一步提升教师专业素质，深入开展教学研究指导与服务。

第一，发挥教研组的整体优势，改善组内教师的专业能力结构。 英语新课程的推广和实施，对英语教师的能力提出了新的要求，英语教师需要与时俱进，积极构建适应社会发展与教学变革需要的能力结构。为此教研组的工作重点定位于：逐步使教师在课程改革中自我成熟和自我完善；鼓励教师在英语课程改革中取得教学和研究的成果；充分发挥骨干教师的教学核心和示范作用；帮助教师甄别其原有观念中不科学或非理性的成分；促进教师的专业发展，提升教师的专业合格度，涵盖"四会"能力，即学术能力、教育教学能力、教研创新能力、跨文化交际能力；关注教师的个性成长，使其在英语教学实践中逐步形成自己的教学风格。坚持发挥教研组的整体优势，打整体战。

第二，突出"研"字，强调教研组的教学研究职能。英语教研工作既要研究"教"的改革，即教师教学行为的变革；又要研究"学"的变革，即学生学习方式的改变。此外，还要研究英语学习评价的问题，发挥好评价对教学的导向作用。由此一七一中学英语教研组提出"立于改革，行于教学，成于教育"，要求组内每个教师立足教材，认真学习课程标准，研究知识与技能、过程与方法、情感态度与价值观等目标在各个教学阶段的具体表现，并按课程标准的要求对材料进行调整组合，真正做到以教材为起点，而不要以教材为终点。

第三，以改革课堂教学为突破口，探索"备课—说课—评课"教研模式的改革。课堂教学是英语教学的中心环节，优化课堂教学、提高课堂教学的效率和质量是实现教学目标的关键所在，是教学工作的首要任务，也是英语教研工作的首要目标。教研组指导新课程教学应主要着眼于：学生能否主动且自主地学习、师生能否互动、教学能否体现过程和方法、教师能否关注学生的情感态度与价值观的形成。同时，对英语课堂教学的评价不仅看教师讲得如何，而且应由学生的表现来评价教师的教学水平；不能仅仅停留在用什么理念来指导学生，而且要看在学生身上是否实现了新课程的理念。

（1）改革备课

强调教师集体备课，在集体讨论中促进个体隐性思维的显性化和个体显性知识向集体显性知识的转化。改革"以知识传授"为中心的传统备课内容，强调以"活动设计"为中心，备课程理念、备学生心理、备课程资源，使课堂教学尽量体现开放性和动态生成性。构建新的备课评价机制。通过引导教师积极地进行自我评价，强化备课的实效性，淡化形式主义。

（2）改革说课

说课是引导教师反思教学的重要方式。在日常教学中，教师常对自身教学行为背后的教学观念缺乏内省和反思，这使传统的说课大多局限于操作性的教学程序上，致使教学设计与教学理念相互分离，说课的质量不高。周国彪带领教研组由传统的"操作型说课"转变成"反思型说课"。一说教学理念，打破就操作论操作的说课模式，要求教师从教学理念的高度进行教学设计；二说教学过程，要求教师关注教学过程的动态生成性，陈述教学过程中师生之间的互动以及教师内心的真实体会与感受；三说教后改进，要求教师反思教学中存在的问题，并提出具体的改进设想。

（3）改革评课

传统评课存在重教师、轻学生，重评定、轻讨论，重结果、轻过程的"三重三轻"现象，导致多年来以"学生为主体"的教学理念难以在英语课堂中真正落实。教研组组织教师重新研究和确认一堂优质课的标准，重视学生学习的情况，突出师生的多向互动，提倡教师之间的学术争鸣，强调教师在授课过程中的自身成长，包括认识的发展、教育观念的转变以及教研过程的感悟等，同时避免教研活动形式化、教学行为刻板化和单一化，使教研组逐步形成一种良好的教研风气。

2. 创设和谐氛围，搭建平台，促进组内教师个体成长

教研组的工作千头万绪，周国彪紧紧抓住教师，推动组内各项工作的全面开展。周国彪所在的外语组是一个充满活力的集体，多年来形成了一套自己的教学风格和特色。组内青年教师居多，有大学毕业分配来的、有从外校调来的。但不管来自何方，他们都能很快地融入这个有着和谐的工作氛围与自由的学术空气的集体。

周国彪重视对本组青年教师的指导和培养，把培养教师的教学能力作为工作重点，对他们充分信任，积极培养，大胆使用。提倡青年教师互相学习，充分鼓励青年教师发挥他们的专业特长，调动他们的工作热情，把最新的语言信息融入教学之中，推动外语教学的改革和创新，使青年教师尽快成为教研组的中坚力量。现在不少青年教师已成为教学骨干，在市、区脱颖而出。

在整体上，周国彪注重调动教师的教学积极性，抓教研教学的常规建设，注重整体配合，在全组范围内形成积极向上的风气。数十年来，周国彪带领教研组一如既往地遵循"以人为本、以学为本、因学

论教、教学做合一"的教学理念,以"创适合学生发展的英语教学、创适合教师发展的教研活动"为发展宗旨,走"教研兴组、教研强师"之路,强化教学共性,尊重教学个性,人人铸合力,优化团队,处处有英语,搭建平台。长期的教学实践,使教研组摸索出一套行之有效的外语教学模式,形成了独具风格的教学方法,并将其作为稳定的形式贯穿于整个教学实践中,取得了很好的教学效果;使学生具有很强的语言实践能力,中考连续3年名列全区第一,高考多年来始终位于区先进行列;打造了学校强势学科,塑造了学科特色,实现了教研组教学合力最大化,强有力地推进了教研组的可持续发展。英语组自1988年以来,多次被评为校级、区级先进教研组。英语组的经验在全区进行交流。一七一中学英语教师在全校师生中及社会上都享有很高的声誉。北京电视台国际部曾对一七一中学英语教学做了连续专题报道,在社会上引起强烈反响。

(三) 特级教师工作室引领:交流、合作、发展、共赢

教育的质量说到底是教师的质量。教师是课程的资源,是教育活动得以产生实效的关键性因素,也是学校教育尤为深刻的变革力量。教师的专业发展不但是学校教育质量持续提高的基本保证,更是学校教育内涵不断提升和学校可持续发展的必由之路。如何促使教师们提高自身的专业知识、专业能力、专业精神,进而打造出一支业务强、水平高的教师队伍,是一七一中学乃至东城区要面临的一个重要课题。

因此,2002年12月,东城区区委、区政府及东城区教委,为了振兴东城教育、提升东城教学质量、推动英语教改、服务英语教学、促进教师专业发展,决定成立特级教师工作室。周国彪英语工作室是当年首批成立的两个特级教师工作室之一。区领导希望通过名师工作室的推进,找到转变教师观念、提高教师教育教学能力、促使教师专业发展的独具特色的途径;通过师徒结对等项目能够为教师提供一个坦诚交流、切磋教学的场所和平台,营造浓厚的学习和研究氛围,开展卓有成效的个性化指导;通过学科教学研究活动,教师为共同的任务

进行合作研究、交流教学思想、更新教学观念、展示自己的成果、分享他人的经验，积极推动学校形成开放、合作、融合的校园文化；唤醒教师自我的主体意识，激发教师走专业发展之路的内在动力，逐步在教师中形成"有眼界才会有境界、有实力才会有魅力、有作为才会有地位"的教师专业发展的价值理念，同时，使这一理念成为具有时代精神和东城特色的教师文化的重要组成部分。

周国彪英语工作室的老师们经过多方面的教学研讨、教学实践和教学交流考察活动，提升了教学科研实力及课堂教学实操力，坚定了坚持课改的信心，并且进一步夯实了教学基本功，丰富了教学方法和技巧，推动了英语教学实效性的进程，取得了很好的效果。同时，工作室还积极促进了校际、学区交流和区域合作的有效推进，真正做到了**交流、合作、发展、共赢**。

1. 促进骨干教师发展

周国彪英语工作室致力于基础英语课程改革的研究及优秀青年骨干教师的培养。他和工作室成员一起身体力行，深入教学一线，主动实践，不懈探索，充分发挥自身优势，营造开放式学术交流和指导环境。工作室成员的课表全部在网上公开，全程开放课堂，互动备课，切磋研讨，资源共享，为学区教师提供教学指导、教学评估。在他的带领下，工作室成员得到了锻炼，教育教学能力大步提升。其中，他指导一七一中学刘雯老师（现已成为东城区英语教研员）先后在第五届全国中学英语教学研讨会青年教师课堂教学大赛和北京市第四届基础英语教学教与学展示活动优质课大赛上，分别获得全国特别奖及北京市优质课一等奖，受到与会同行及专家的高度评价，反响热烈。2007年，工作室指导景山学校王红老师在第五届全国高中英语课堂教学研讨会优质课大赛上夺得全国一等奖，工作室也因此荣获优秀指导奖。另外工作室研究员、北京五十五中学蒋京丽老师参加北京市第一届外语教学展示会及北京市"外研社杯"英语教与学展示活动，均荣获一等奖。工作室与区研修中心共同打造的北京市《百节风名师采课》中的东城区两节新课程高一英语模块教学风采课，由工作室成员蒋京

"教学做合一"的践行者——周国彪教育思想研究

在周国彪英语工作室指导老师们

丽和赵盈担任主讲教师，全程参与备课、试讲、听课、评课、修改，直至正式录制，最终取得了良好的效果。

2. 促进区域交流与合作

2008年12月5日，全国部分省市新课程改革教学研讨会——"聚焦课堂：新课程背景下如何进一步提高课堂教学实效性"，由东城区教委主办，东城区研修中心、一六六中学承办，第二中学、第五中学、第五十五中学、一七一中学、景山中学、东直门中学协办，并联合了上海市教委。研讨会聚焦课堂，以同课异构的方式，强调对教材的把握和教学方法的设计上追求同中求异、异中求同，对高一模块教学进行课堂教学展示研讨。北京一六六中学赵盈、一七一中学罗君、上海格致中学詹玲现场做课，现场研讨，专家点评，激发了教育的智慧，演绎出丰富多彩的课堂教学，共同探讨了如何进一步提高课堂教学的实效性，由此打开教师的教学思路，彰显了教师的教学个性，取得了可喜的效果。同时，这种跨区域、跨学校的研讨方式做到了资源共享、知识共享。

在这次全国性跨区域、跨学科的大型研讨活动中，工作室的参赛教师荣获了一等奖。同时，工作室协同做课教师做了大量的准备工作，全程参与了备课、试讲、听课和评课活动，还与来自上海的专家、同行面对面就教学的实质问题进行了交流，对课程改革中一些问题的看法达成了共识。近期，两届工作室成员中已有一人被评为特级教师，一人被评为市级学科带头人，三人被评为市级骨干教师。

工作室还参与了东城区高中课程改革专题研讨系列活动"在继承中发展，稳步推进新课改，做有层次无淘汰的教育"，并主持"模块教学研究——整体把握、系统思考"论坛，反响热烈，得到市教委、市教育学会、区教委、区教研中心等领导的高度重视和充分肯定。

为落实东城区"621"工程师徒结对活动，打破校际界限，发挥学区优势，全面培养青年骨干教师队伍，加强基础薄弱校教学指导，周国彪带领工作室联合区教研中心、东城外语学会，分别在第二十一中学、宏志中学主持了"第二十一中学英语教学研讨会"和"宏志中学高三英语教学研讨会"。他们深入课堂一线，对学校英语课堂教学进行了全面的教学指导，抓效果、效益和效率，促进课堂教学理念、教学策略和教学模式的交流与研讨，并提出改革的方向和建议。他们还组织了五十四中、五十五中、六十五中、地安门综合高中、中央工艺美院附中、一七七中学的部分教师与一七一中学教师一起开展英语课堂教学交流，听课，做课，说课，评课，座谈，开设讲座，开展研讨，资源共享，互帮互学，互利互惠，取得了很好的研讨与示范效果。

3. 发挥辐射作用，合作共赢

工作室坚持发挥品牌优势，注重资源辐射，加强合作交流，积极参与"传、帮、带"活动，建立协作关系，开放课堂，互动备课，切磋研讨，资源共享，合作双赢。为支援远郊区、县教育，应市教委、市教育学会及相关区、县教委的聘请，工作室先后到门头沟、平谷、昌平、怀柔、延庆康庄、河北廊坊等地主持英语教学研讨，担任英语学科的主讲，进行英语教学指导、示范和研讨，尽力帮助教师树立形成教学特色的意识，促进教师的专业发展，提升英语教学的有效性，反响热烈。周国彪也受聘担任平谷区平谷六中专家指导教师、怀柔区中小学"名师培养工程"指导教师等。

在昌平作讲座时与当地教师合影

4. 领导的关注与认可

2006年5月25日，周国彪所主持的英语工作室参加了"北京市全面推进基础教育均衡发展现场会"，全面介绍了工作室工作开展情况，得到了现场指导工作的国务院副秘书长陈进玉，市委教工委书记朱善璐，市教委主任刘利民、副主任罗杰，东城区委副书记杨艺文以及东城区教委领导的高度重视和积极评价。

2007年5月8日，周国彪英语工作室的工作得到了来东城区视察教育工作的全国人大常委会副委员长路甬祥，教育部部长周济，台盟中央主席、市人大常委会副主任林文漪以及市、区各级领导赵凤桐、刘利民、罗杰、李奕、杨艺文、刘朋庆等的关注和赞誉。

五、小结：成为学者型教师

有些人做了几年教师便有倦意，原因固然很多，但主要的还是因为不好学，天天开留声机，唱旧片子，所以难免觉得疲倦起来。唯独学而不厌的人，才可以诲人不倦。要想做教师的人把岗位站得长久，必须使他们有机会一面教，一面学；教到老，学到老。当然，一位进步的教师，一定是越教越会学，越学越快乐。①

——陶行知

周国彪多年来认真研读陶行知先生的著作和相关的学术文献，在以陶先生为榜样修身立德的同时，努力在中学英语教学中实践陶行知的教育理论。以中国本土的教育理论为指导、以国际的眼光兼收并蓄国内外的教学研究成果，使周国彪卓异于国内同行。他的教学和论述经常闪耀着陶行知思想的光芒。他本人也像陶夫子一样，极具个人魅力。

周国彪学习陶行知的理论，经历了逐步深入的过程。从最初受陶家熏陶的感性认识，到研读理论，逐渐发展到理论与教学实践相结合，并最终形成了自己独特的教育思想。总结周国彪学陶过程，对当今教师有以下启示。

第一，在博采众长的基础上，深入研究一个理论，作为教学的支撑。教师反思和总结自身教育教学思想时，往往会停留在经验总结的层面上，缺乏深刻性和指导性。之所以造成这种困境，就是因为一线教师拥有丰富的实践经验，却缺乏深厚的理论基础。对于广大教师来说，理论学习可能比教学实践更艰难。周国彪学习陶行知的思想三十多年，时至今日，也不敢说将陶行知的思想学精学透。因此，在有限的时间内，与其对各种理论浅尝辄止，不如找一个理论，深入下去。

第二，掌握核心理念，将理论读薄。在学习任何教育理论前，我们先要了解该理论的核心问题——教育的目的是什么？也就是教育过程将受教育者培养成什么样的人。陶行知先生为我们留下了八百多万字的著述，涉及幼儿教育、基础教育、高等教育、成人教育、乡村教育、平民教育等方方面面，可以说是一本教育的百科全书。所有这些内容概括为一个核心教育目的观——"教人求真，学做真人"。

"真人"是指"为真理而奋斗的人、德智体美劳全面发展的人、具

---

① 陶行知. 教师自动进修［M］//陶行知. 陶行知全集：第四卷. 成都：四川教育出版社，1991：654.

有完满人格的人"①。"求真"是"真人"的首要标准。追求真理是陶行知先生的一贯教育主张。从20世纪10年代起,他就多次著文阐发"为人须为真人,毋为假人"的道理,并以方孝孺、颜元等古代学者的事例激励学生坚持真理,不求虚名。他写的《育才十二要》一文中,把对育才学校学生的第一条要求定为"要诚实无欺"。"真人"的第二个标准就是全面发展。在为纪念晓庄师范建校两周年写的《第二年的晓庄》一文中,陶先生提出了乡村小学中生活教育的五个目标:"一、健康的体魄;二、农人的身手;三、科学的头脑;四、艺术的兴趣;五、改造社会的精神。我主张以国术(即武术)培养康健的体魄,以园艺来培养农人的身手,以生物学来培养科学的头脑,以喜剧来培养艺术的兴趣,以团体自治来培养改造社会的精神。"② 各个方面的发展最终要统一到人的综合素质之中,这就是陶行知后来在创办育才学校期间倡导的"知情意合一、智仁勇合一"。"知情意合一"意味着把知识获得的过程看作是一个动态的过程,学生投入全部身心的过程,认知、情感、意志品质共同发展的过程。"智仁勇合一"就是培养"真人"的第三种品质——"完满的人格"。陶先生说:"我们需要智仁勇兼修的个人。不智而仁是懦夫之仁;不智而勇是匹夫之勇;不仁而智是狡黠之智;不仁而勇是小器之勇;不勇而智是清谈之智;不勇而仁是口头之仁。"③ 由此可见,陶行知教育理论的培养目标相当丰富,既符合现代教育的理念,又体现了中国传统文化的精华。

在明确理论的核心目的后,还要了解该理论主张如何实现核心目的。具体到陶行知的"生活教育理论",陶行知认为为了达到"教人求真,学做真人"的目标,主要的途径与方法主要表现在三个方面:"生活即教育、社会即学校、教学做合一。"④

---

① 何国华. 陶行知教育学 [M]. 3版. 广州:广东高等教育出版社,1997:42.
② 陶行知. 这一年 [M]//陶行知. 陶行知全集:第二卷. 成都:四川教育出版社,1991:444.
③ 陶行知. 育才学校教育纲要草案 [M]//陶行知. 陶行知全集:第四卷. 成都:四川教育出版社,1991:460.
④ 同①,第46页。

"生活即教育"是生活教育理论的基础。在一封信中，陶行知写道："从定义上说：生活教育是给生活以教育，用生活来教育，为生活向前向上的需要而教育。从生活与教育的关系上说，是生活决定教育。从效力上说，教育要通过生活才能发出力量而成为真正的教育。"① 这个定义包含了三层意思：①赋予生活以教育的意义，把教育的范畴扩大到整个生活；②真正的教育发生在实际生活之中，教育法即生活法；③教育的目的不是死读书，而是为改善生活，为民造福。

"社会即学校"是"生活即教育"的自然推论。既然生活的领域就是教育的领域，那么社会就成了学校的延伸。这个命题揭示了学校与社会的血肉联系，使无数的社会资源变成教育资源，使学生的学习生活与社会生活息息相通，使学校和社会之间形成良性的互动关系。

"教学做合一"是生活教育理论的方法论。陶行知指出："教的方法根据学的方法；学的方法根据做的方法。事怎样做便怎样学，怎样学便怎样教。教与学都以做为中心。"② "教、学、做"分别代表着"学校、学生、社会"这三个教育的要素。"教学做合一"就是说，社会实践、教育和学习应该紧密连结为一体，而不是相互隔离的三件事。社会实践是教师教和学生学的基础，学生的学习方式必须与社会实践相统一，教师的教学方式必须符合学生学习的要求。教师在做中教，学生在做中学。以"做"为中心、教学做合一的方法论把教学的重心从知识和教师转移到实践和学生身上，克服了传统教育中重教不重学、重知不重行、重视教师主导作用忽视学生主体地位的弊端，以及教与学脱节、学与用分离的问题，有助于在课堂教学中加强教与学的结合、学与用的结合。

需要强调的是陶行知对"做"的界定："'做'是在劳力上劳心，因此，'做'含有下列三种特征：（一）行动；（二）思想；（三）新价

---

① 陶行知. 谈生活教育 [M]//陶行知. 陶行知全集：第四卷. 成都：四川教育出版社，1991：428.

② 陶行知. 教学做合一下之教科书 [M]//陶行知. 陶行知全集：第二卷. 成都：四川教育出版社，1991：650.

值之产生。"① 因此,"做"不是单纯的"行动",而是实践和思考的结合,是在实践基础上的思考,再以思考来指导实践,是"行"和"知"的辩证统一。"教学做合一"突破了传统教育观中学校与社会、教师与学生的二元对立,克服了教育和现实脱节、和学习脱节的弊病。

周国彪认同陶行知的理论目标和三大原理,并在课堂中不断践行"教学做合一"的思想。为他日后提出"以人为本、以学为本、因学论教、教学做合一"的教育思想奠定了基础。

第三,系统研读原著,将理论系统化、结构化。 在网络时代的今天,教师习惯将理论学习的路径交给搜索引擎,输入关键词,在给出的资料中寻找一篇中意的文章,再随着文章的参考文献跳入一篇又一篇文章。这样的理论学习是零散的、孤立的、人云亦云的。追求真知就要系统阅读作者原著。周国彪家中和办公室都有陶行知全集,这些不是用来充门面的,而是真正的枕边书、手边书。尽管书中大部分内容周国彪都能做到倒背如流,并已融入他的谈话和文章中。但是他依旧会随手翻阅,每次看都会有新体会,都会引发新思考。

第四,追踪理论形成过程,从中找到与自身的结合点。 教师往往觉得理论和自己及自己的教学实践很遥远,因此在理解和接受过程中,容易产生距离感和陌生感。其实,任何理论都有逐渐完善和成熟的过程。一线教师可以通过追寻理论代表人物的成长史和理论发展史,找到与自身的结合点,使之成为研究理论的突破点。

通过追寻陶行知的成长史,周国彪发现他的成长经历与陶行知很相似。他们同样出身于劳动人民家庭,使周国彪更能理解陶行知矢志不渝从事平民教育的坚定信念;同样在中学阶段文理兼修,使周国彪更能理解陶行知通俗的表达方式;同样早年留学海外,回国报效祖国,使周国彪更能理解陶行知的拳拳报国之心;同样经历饿其体肤、劳其筋骨的艰苦劳动,让周国彪更能体会陶行知认为"行"先于"知"的思想渊源。

---

① 陶行知. 教学做合一下之教科书 [M]//陶行知. 陶行知全集:第二卷. 成都:四川教育出版社,1991:651.

通过研究陶行知的生活教育理论，周国彪了解到，生活教育理论是陶行知在批判地继承了中外教育思想的基础上提出的教育理论①。陶行知原名陶文濬，大学学习期间，陶行知因信仰明代哲学家、思想家王阳明的"知行合一"学说，认同"知是行之始，行是知之成"，于是将姓名改为"**陶知行**"。改名后，陶行知没有拘泥于王阳明的理论，而是对他的学说进行了根本的改造，由"知是行之始，行是知之成"改为"行是知之始，知是行之成"，此时"生活教育理论"的雏形已经显现，即"知行合一，行在知前"，于是他第二次改名字，最终改成众所周知的"**陶行知**"。大学毕业后，陶行知远渡重洋赴美求学，成为美国教育家杜威的学生。杜威在20世纪初提出了"教育即生活"、"学校即社会"、"在做中学"三大命题，抨击当时教育与生活脱节的弊病，在全世界引起了巨大的反响。陶行知接受了杜威的理论，在1917年回国后，一直积极探索适合中国国情的教育方式，逐渐意识到杜威的理论对中国并不适用。他提出了"生活即教育、社会即学校、教学做合一"的主张，进一步发展了导师的思想。

通过了解陶行知"生活教育理论"的发展脉络，我们可以认识到任何理论都不是完美无缺的，都要随着时代的发展不断完善，要与时俱进。陶行知通过对中国传统教育思想的批判继承，和对近代西方教育思想的吸收与改造，并结合中国本土实际，逐渐形成了自己的教育思想。周国彪在学用陶行知教育思想时，也没有局限于模仿和跟随，他结合自身教学实践进行创新，形成了自己的教学思想。

陶行知青少年时期留学美国哥伦比亚大学，是杜威的得意弟子之一。但是他始终心向祖国。作为留洋归国的洋博士、杜威的学生，他回来以后理所当然地可以当官。他在东南大学当教授，蒋介石聘请他当教育部长，他不干。他觉得中国人之所以这么受欺负，就是因为教育落后，广大的平民没有接受足够的教育。

为了办学，陶行知脱掉西装革履，换上了布衣草鞋，到南京城外

---

① 可参见：朱志仁，徐志辉. 陶行知生活教育理论简明教程 [M]. 长春：东北师范大学出版社，2006；何国华. 陶行知教育学 [M]. 3版. 广州：广东高等教育出版社，1997.

创办了晓庄师范学校。在抗日战争期间，陶行知在重庆创办了育才学校，收容失去了父母的难童和烈士子女。育才学校政治上受到国民党政府的压迫，经济上受到物价飞涨的冲击，育才学生每天只能吃三顿稀饭。300多师生吃、穿、住、学的所有费用，都成为重担，压在陶行知的肩头。他以惊人的毅力、顽强的意志，为育才的生存而不停奔波，后来终于病倒了。朋友心疼地说："你这又是何苦呢！抱着石头游泳，终有一天连自己也会沉下去的。"陶行知真诚地说："育才的孩子大多数是失去父母的孤儿，我能丢下他们不管吗？要我丢开育才，比死还难受啊！你说我抱着石头游泳，不对。我是抱着爱人游泳，我一定要游过激流险滩，到达胜利的彼岸。"很多孤儿在他的教育下茁壮成长起来，成为德智体美劳全面发展的栋梁之材。陶行知的所作所为就像他自己说的"捧着一颗心来，不带半根草去"。

第五，理论学习与实践相结合，真正做到"教学做合一"。周国彪的学陶行动没有局限在书本上，而是落实在实践中。有时，单纯的理论学习犹如隔岸观火，没有切肤之痛，只能是暂时闪现思想火花，不能实现真正的教学转变。正如亚里士多德所说："理论是关于'必然性'的，实践是关于'偶然性'的。要实现由必然性到偶然性的过渡，必须建立教育理论与教育实践的功能性联系。"[①]

陶行知非常强调激发学生学习的内在动力，他的一次著名演讲就能够形象地说明这一问题。那一次，陶行知在武汉大学演讲。走上讲台，他不慌不忙地从箱子中拿出一只大公鸡。台下的听众全愣住了，不知陶先生要干什么。他从容不迫地掏出一把米放在桌上，然后按住公鸡的头，强迫它吃米，可是大公鸡只叫不吃。怎么才能让鸡吃呢？他掰开鸡的嘴，把米硬往鸡嘴里灌，大公鸡拼力挣扎，还是不肯吃。陶先生轻轻地松开手，把鸡放到桌子上，自己后退了几步。这时，大公鸡自己就吃起米来。这时陶先生开始演讲："我认为，教育就跟喂鸡一样！先生强迫学生去学习，把知识硬灌给他，他是不情愿学的，即使学也是食而不化，过不了多久，他还会把知识还给先生的。但是，

---

① 何宜. 名人名言顿悟人生［M］. 哈尔滨：北方文艺出版社，2009：177.

如果让他自由地学习，充分发挥他的主观能动性，那效果将一定会好得多！"台下一时间欢声雷动，为陶先生形象的开场白叫好。陶行知用"鸡吃米"案例生动地诠释了学生自主学习的重要性。正是因为陶行知对于"念、背、打"这种旧教育模式的深恶痛绝和对于新教育模式中师生平等、鼓励学生自主学习和创造性学习的热忱期望，他才能用如此灵活巧妙的方式来诠释概念。

由此，周国彪也不断反思如何在教学中践行陶行知的教育思想，陶行知教育思想的核心是一个"爱"字，是对学生的关爱和对教育事业的热爱。在教学实践中，教师应该如何体现对学生的爱？周国彪认为对学生真正的爱，不是违心地一味夸奖，而是尊重学生、理解学生，在教学中以学生为中心，要以学生的兴趣为出发点，让学生爱学，这样才能有效接受教师教授的一切知识。周国彪常说的一句话就是："我最怕学生烦英语。学生一烦，老师有天大的本事也很难让他们学进去。"为让沉闷的课堂教学走出尴尬，为激励学生参与课堂教学进程并取得良好效果，他带领教研组围绕教学技巧、沟通策略、教学设计能力和课堂调控能力等展开实践与研讨，精心设计教与学的双向活动。他不断思考如何灵活应对各种突发因素、如何合理调控教学节奏，通过经常性的教学反思，培养并提高自己和同事的教学机智，即教学应变能力，以减少教学的盲目性和随意性，使教学日趋成熟、日臻完善，从而实现教师的自我反省、自我校正、自我发展。

第六，走继承与发展的英语教学之路。周国彪在《走继承与发展的英语教学之路》一文中重点谈到继承与发展的辩证关系。他认为继承是发展的前提，发展是继承的方向。在当今外语教学的实践中，强调继承比发展更重要。现在很多教育工作者，对于陶行知以及中国近现代教育史上其他进步教育家的理论、思想和实践并不感兴趣，对于正在进行的中国教育改革与发展的实际也不感兴趣，而一味热衷于鼓吹国外流行的各种教育新观点、新思潮和新理念，他们搬来一大堆新名词、新概念充斥在自己的论文中，叫人看不懂，还因此沾沾自喜。他们往往不加选择地拉来一大堆洋货在中国贩卖，而不顾中国的实际和国情。对于这种做法，陶行知很早就曾喻之为"替外国人拉洋车"，还写过一首小诗:"分明是教员,爱做拉车夫。拉来一车洋八股,谁愿受骗谁呜呼。"① 当然,我们并不反对学习国外的先进教育理论和教育方法,陶行知本人当年就是将西方先进教育理念与本国国情相融合的典范。周国彪希望当今的教师们不要完全照搬国外的东西,而能认真读一读陶行知的文章,看一看陶行知是如何从中国社会和教育的实际出发,吸收、改造国外先进教育思想,把中西文化精华融合为一体而创造出适合中国本土的教育理论的。周国彪本人是这样想的,也是这样做的。他在研读陶行知理论的基础上,结合自身教学实践,提出"以人为本、以学为本、因学论教、教学做合一"的教学思想,就是对陶行知教育思想的继承和发展。

---

① 陶行知. 行知诗歌集[M]. 北京:生活·读书·新知三联书店,1981:83.

思想：
以人为本、以学为本、因学论教、教学做合一

"教学做合一"的践行者——周国彪教育思想研究

> 搞教学研究,首先要有一份爱心、一份勇气,首先是一份责任、一种信念、一种科学态度。每一个学生都要信任、关爱、善待;每一项工作都要尽力;每一天时光都要珍惜。
>
> ——周国彪

由于英语学科的特殊性,流行于我国英语教学界的教育理论一般都来源于国外。"交际能力"、"全语言"、"任务型教学法"等引进的概念术语主导着国内英语教学研究的学术范式。很多英语教师都"言必称希腊",跟在外国专家后面亦步亦趋。在新术语不断出炉、新教学法轮番登场的英语教学界,周国彪展现了与众不同的冷静。他不盲目追随流行的教学法,而是以辩证的态度兼收并蓄古今中外的教育思想,并立足于本土的陶行知教育理论,在多年实践的基础上提炼自己的教学思想和经验。他坚持继承与创新,不断探索自我、解放自我、锤炼自我,成为创新型教师和研究型教师。为实现陶行知先生提出的六大解放——"解放儿童的眼睛,解放儿童的双手,解放儿童的头脑,解放儿童的嘴,解放儿童的空间,解放儿童的时间",周国彪进行了不懈的探索与实践。

一、教学思想概述:陶行知教育思想在中学英语教育领域的继承与发展

> 要当好一个老师,就要向陶行知的方向努力。要有行知的修养:以教人者教己,在劳力上劳心;要有行知的精神:爱满天下;要有行知的胸怀:人生天地间,各自有禀赋;要有行知的信念:为一大事来,做一大事去;还要有行知的实践:生活即教育,社会即学校,教学做合一。
>
> ——周国彪

"以人为本、以学为本、因学论教、教学做合一",这是周国彪对

自己教学思想的总结。这十七个字既是周国彪对亲身教学实践的总结,也是他学习陶行知教育思想的心得体会。"教学做合一"正是陶行知生活教育理论的重要组成部分。作为陶先生的孙女婿,周国彪从20世纪70年代起开始学习陶氏教育思想,并在英语教学中积极实践。

周国彪提出的"以人为本、以学为本、因学论教、教学做合一"的教育思想,是对陶行知教育思想的加工和提炼,在继承的基础上又有所发展,体现了新时代的内容。

"以人为本"是周国彪教育思想的价值观和理论基础。"以人为本"包含两层含义:首先,英语教育中的主体是学生,教师必须尊重学生的主体人格、主体情感和个性自由,培养学生的主体意识,满足学生的主体性需要,充分实现受教育者的主体价值。其次,英语教育的目标是实现学生的全面发展,不能"只见语言而不见学生"。2003年颁布的《普通高中英语课程标准(实验)》明确指出"学生的发展是英语课程的出发点和归宿",并把学生的"情感态度"和"文化意识"纳入英语课程目标体系。这些提法都明确体现了"以人为本"的思想。从学科特点来看,英语教育是人文性和工具性的统一,"以人为本"反映了英语教育的人文性。英语作为思想和文化的载体,其人文性涵盖思想性、文化性、审美性、发展性、创造性等各方面。这种学科属性要求英语教师必须以"人"为工作的起点和终点,尊重学生作为人的尊严、价值、个性和情感,发展学生的学习能力、审美能力、创造能力。陶行知先生虽然没有明确提出"以人为本",但是他始终把学生放在教育的主体地位,追求学生的全面发展。"以人为本"完全符合陶行知教育思想。

"以学为本"中的"学"既指学生,又指学习。"以学为本"体现了"以学生为中心"的思想,是"以人为本"在教学中的具体表现。陶行知先生说:"先生的责任不在教,而在教学,而在教学生学。"[①] 因此,教师不仅要根据学生的学习规律和学习风格设计教学,还要帮助学生学会学习。近年来,周国彪带领学校英语组的老师探索"学案教

---

① 何国华. 陶行知教育学 [M]. 3版. 广州:广东高等教育出版社,1997:14.

学法",从"备教案"转变到"备学案",就是为了贯彻"以学为本"的思想。

"因学论教"意味着"学生的学"是教学设计的基础和目的,也是教师进行教学反思的依据。陶行知先生曾多次指出:"怎样学就怎样教;教的法子要根据学的法子。"① 周国彪始终坚持以学习效果作为评价教学方法的依据,不崇洋媚外,不故步自封,始终以辩证的态度对待英语教学改革。

"教学做合一"直接来源于陶行知的生活教育理论,体现了英语学科的工具性。这里的"做"就是指英语语言的运用。《普通高中英语课程标准》把培养学生的"综合语言运用能力"作为总体目标,正说明了"做"在英语教学中的重要性。陶行知先生在解释"教学做合一"时说:"教学做是一件事,不是三件事。我们要在做上教,在做上学。不在做上用功夫,教固不成为教,学也不成为学。"② "在做上教的是先生;在做上学的是学生。从先生对学生的关系说,做便是教;从学生对先生的关系说,做便是学。先生拿做来教,乃是真教;学生拿做来学,乃是实学。"③ 这些话对周国彪的启发颇深,他由此进一步指出:"语言教学实质就是在用中学,不是说学好了再用。"学生的语言实践是学习的基础,也是教学的基础,"用"是连接英语"教"与"学"的桥梁。

综上所述,周国彪的教学思想既体现了陶行知的教育理论,又反映了新时代"科学发展观"的要求。这十七个字看似简单,却是周国彪三十多年辛勤耕耘的结晶。如何在教学中切实执行这十七个字的精神,是对所有英语教师的挑战。对于"做",周国彪有自己独到的体会。

第一,要让学生多"做"。在课上,周国彪自己讲的时间并不是很

---

① 陶行知. 中国教育改造 [M]. 北京:东方出版社,1996:108.
② 陶行知. 教学做合一 [M]//陶行知. 陶行知全集:第一卷. 成都:四川教育出版社,1991:126.
③ 陶行知. 湘湖教学做讨论会记 [M]//陶行知. 陶行知全集:第二卷. 成都:四川教育出版社,1991:10.

多,而是把大部分时间留给学生去体验和运用。他常说:"语言是一门实践课,不是靠老师讲出来的。"在20世纪80年代,当"合作学习"、"任务型教学"等西方教学理念还没有被介绍到国内时,周国彪就已经开始在课上组织各种活动,让学生"动起来"。通过创设各种情境,周国彪引导学生在有意义的交流中体会英语的用法。因为"做"的机会多、方式多,所以周国彪的学生学习效果非常好,涌现了很多尖子生。

第二,要让学生爱"做"。多年的教学使周国彪体会到,"做"不是强迫学生死记硬背。他特别反对让学生背单词表的做法,因为这样会让学生对英语学习产生反感。如果学生满怀厌倦地背单词,效果肯定不好。周国彪把教学的重点放在句子层面上,让学生关注能够表情达意的句子,而不是一个个枯燥无味的单词,从而激发了学生的学习积极性。同时,他还通过各种课堂活动和自己风趣幽默的语言营造生动活泼的课堂气氛,让学生喜欢上英语课。

(一) 教学的宗旨:以人为本

转变观念、转变角色、转变功能,最终实现教语言、教文化、教育人的综合统一。

——周国彪

"以人为本"是教育的根本出发点,是教师工作的宗旨。通俗地讲,"以人为本"的内涵就是教育界流传很广的那句话:"一切为了学生,为了一切的学生,为了学生的一切"。"一切为了学生"说明课程应该以学生为中心,而不是以知识或教师为中心;"为了一切的学生"意味着教育要"有教无类",教师要为每一位学生服务;"为了学生的一切"则要求教师促进学生的全面发展。为了体现"以人为本"的宗旨,周国彪以实现"教语言、教文化、教育人的综合统一"为学科教育目标,让外语学习为学生的全面发展服务。他在教学中充分尊重学生的主体地位,以学生的主动参与作为英语教学有效性的基础。下面是周国彪贯彻"以人为本"这一理念的具体做法。

1. 爱护学生，体谅学生

周国彪认为，建立平等和谐的师生关系是教师"以人为本"的直接体现。周国彪说："课堂不是老师的秀场，而是真情实感的天地、心心沟通的场所、畅所欲言的空间。师生关系应该是相互交流、相互沟通、相互启发、相互补充的关系，大家分享彼此的思考、经验和知识，交流彼此的情感、体验与观念，构建人人参与、平等对话的局面，实现教学相长。"要建立和谐的课堂，教师先要放下架子，和学生平起平坐。周国彪常对学生说："我现在跟大家一块学习，不是我在教。"在英语课上，教师应该是学生实践语言的伙伴，只有当学生能轻松面对教师的时候，他才敢于参与课堂语言交际活动。

周国彪发现，和初中生相比，高中生的自尊心更强，对外界的评价更为敏感，上课时不容易主动发言，而英语课的成功又离不开学生的积极参与。为了和学生"打成一片"，周国彪在教学语言时特别注意和学生"不分彼此"。比如，在提问时，他不说："What can you learn from this story？"而说："What can we learn from this story？"把"你们"改成"我们"，一词之变就拉近了师生的距离。另外，周国彪在教学中努力捕捉学生的闪光点，经常夸学生。他特别收集了各种赞美学生的英语表达法。

比如赞美学生的短句：

Excellent！/Super！/Great！/Good job！/Well done！/You're right！/You're so clever！/You have hit the point！/Let's give him a warm hand！/What a clever solution！/Thank you for your cooperation！

又如赞美学生的较复杂的句子：

You've got bright ideas and wonderful imagination！

It is so amusing to hear you discuss it with each other that I really hate to stop you.

You were very good at finding easy solutions.

Your English is very expressive. I'm proud of you for the good job you've done today.

另外，周国彪在讲解错误时不点名（name and shame），努力呵护学生的自尊。他尤其注意维护女生的面子，从不当众批评她们。他说："不尊重是对孩子最大的伤害。教师稍不留意，就可能给孩子留下一辈子的阴影。"在评价学生时，周国彪的方法是分两步走：先肯定、后建议，送给学生"糖衣药片"。当学生的回答不尽如人意时，周国彪会这样说："You're very good. Who can be super？""You're great. But does anyone have other opinions？"他从来不说："Are there any mistakes？"而说："Is there anything to be improved？"既不伤害学生的自尊心，又达到纠错的目的。一次课上，学生本该用完成时，却用了过去时。周国彪说："I can understand you. But if you say'have studied'instead of'studied', that would be better."首先，周国彪肯定学生的语言达到了表情达意的目的，然后再指出改进的方式。这样一来，学生就觉得自己的发言并不是一无是处，并没有在同学面前丢脸。

这种语言上的尊重反映了周国彪发自内心地对学生的尊重和理解。他认为："课堂上关注学生情感发展，有助于学生积极参与学习活动，有助于学生在遇到困难后不畏艰险、坚持到底。我们要学会用学生的眼光欣赏学生，充分肯定他们的进步。"他非常反对把学生学习水平的差异片面归结为语言潜能或者智商的差异。在他眼里，没有所谓的"笨学生"，只有学习状态还没有被教师激发出来的学生。因为所有学生都要经历"由接受到表达、由模仿到创造、由错误到正确、由导学到自学"的过程，所以教师不能急于求成，而要耐心地引导后进学生。周国彪经常提醒年轻教师，要重视学生不同的学习风格、经验背景和情感态度，注重学生全面发展和个性差异的统一。

陶行知有首小诗："你的教鞭下有瓦特，你的冷眼里有牛顿，你的嘲笑中有爱迪生。你别忙着把他们赶跑。你可要等到：坐火轮、点电灯、学微积分，才认识他们是你当年的小学生？"在教师的心灵天平上，每个学生都应该是同等重量的砝码。暂时的学习困难并不代表着学生日后不能取得辉煌的成就。

2. 有层次无淘汰

教师对待学生的态度关系到教育过程的公平。只有教师平等对待所有学生，学生受教育的基本权利才能得到切实保障，学生才能获得大致相同的发展机会，从而每人都能实现全面发展。只有实现教育过程的公平才能有助于实现教育结果的公平。"有层次无淘汰"是周国彪所在的北京一七一中学倡导的教学理念。周国彪认为，英语教学要考虑学生之间的差异，要避免将差异性简化为语言潜能的差异或智商的差异，要重视学生学习风格不同、经验背景不同和情感态度不同所带来的差异，注重学生全面发展与个性差异的统一，分层指导，实施"有层次无淘汰"教育。

"有层次无淘汰"就是不能让一个学生掉队。不让一个学生掉队，就要分层指导。周国彪在设计教学方案的时候，有意设计适合于不同类型学生实践的话题和内容，满足不同层次学生的发展要求，"下要保底，上不封顶"。为了体现层次性，周国彪留的作业也是开放的，只有最低要求。他每天发给学生三篇小短文，让他们去自由阅读。有些学习基础较差的学生读完一篇就行，学习好的学生可以三篇全读。周记也是如此，学习较差的学生能写出四五十个词的周记就可以了，学习较好的学生则要求至少写一百个词。

对学习成绩差的学生，周国彪会让他上课时做一些重复性的输出。重复一遍实际上就是加深记忆和亲身实践的机会，学生也不会害怕出丑。说好了，周国彪还会当众表扬这个学生。另外，周国彪还非常注重调动成绩差学生的兴趣。调动兴趣的方法就是开展活动。在活动中，水平低的学生能跟大家互相沟通，能感觉自己说上几句了，对英语就会有一些兴趣。尽管学生会犯不少错误，但周国彪还会积极鼓励他多说多练。有个学生从普通学校升到一七一中学的高中（区重点学校），学习有一定的困难。周国彪发现，这个孩子尽管差，但是有个非常可贵的精神：敢说英语，不怕出错。周国彪就一直鼓励他，给他发言的机会。高二时，他问周国彪："我能不能当课代表？"周国彪说，当课代表首先要让大家看到你的学习态度。于是这个学生学习得更努力了。

到了高二下学期,为了调动他的积极性,周国彪真的让他当了课代表。结果这个学生的上课表现有了明显的进步,最后在高考中英语考了120多分,对他来说,这是当初连想都不敢想的事。周国彪认为,教师要抓住学生的兴趣,应该适当夸张地表扬一下学生。教师给几句表扬很容易,但是对学生来说非常重要。套用陶行知先生的名言,我们完全可以说,"鼓励之下出牛顿"。

陶行知说:"真教育是心心相印的活动,唯独从心里发出来,才能打到心灵的深处。"① 用真情投入教学,对教师来说是一种付出,但也能带来意想不到的回报。周国彪虽已年过六十,但是看上去仍然很年轻,说话做事时活力十足。他说:"喜欢后进生而不嫌弃他,总跟他们在一块,教师就不会显老。这是一个相互感染的过程。学生在我心里,所以我的心不老。"

耐心指导学生

(二)教学的根基:以学为本

不论什么教法,最后都要落实到学生。

——周国彪

---

① 陶行知. 这一年 [M]//陶行知. 陶行知全集:第二卷. 成都:四川教育出版社,1991:44.

三十多年的教学工作中,周国彪始终坚持以学生为中心,把"学生学"作为"教师教"的基础。在教研组的工作计划中,他以学生作为衡量教学有效性的重要指标,包括学生能否主动参与学习、真正地理解和运用知识,学生能否获得积极的情感体验,以及学生能否提高自我监控和反思能力。在教学活动设计和教学语言运用上,周国彪都体现了"以学为本"的特点。

1. 了解学生

周国彪接手新班以后,会在前两周的时间里尽快了解学生的状况。课上,他关注学生的反馈,了解他们的英语水平;课下,他和学生聊天,了解他们的喜怒哀乐。清楚了学生的状况以后,周国彪会逐步地让自己的教学计划吻合学生的实际水平,根据学生水平决定教法和进度。如果学生程度较差,周国彪会"先降低要求,先让学生尝到一点甜头,让他们先学到一点,本来两步的,我分四步走。第一课的降低,并不等于最终目标的降低"。在担任教学组长以后,为了让老师们能根据各班情况调整教学,周国彪规定组内期中、期末的阶段性进度要相同,在周进度上则允许同事们有变化,给老师们自主处理的余地,绝不一刀切。

2. 备知识,备学生,备学法,备教法

"备课本易,备学生难。"这是周国彪多年教学的体会。中学课本的知识对于具备大学本科学历的教师来说,自然是简单的,但是如何了解每个学生的情况,让每个学生都学好用好知识,这是一个很大的挑战。听过很多课以后,周国彪发现:"很多外语课上,老师教学很辛苦,效果却不尽理想,就是因为备课的重点没有放在备学生上。老师一厢情愿比较多,讲了很多东西,但是没有点在学生的心坎上,跟学生不合拍。一方面是和学生的基础不合拍,另一方面是跟学生的兴趣不合拍。"因此,教师备课时要先考虑知识、学生两个方面,必须充分考虑学生的认知水平与情感因素。然后,"因学论教",根据学生设计一节课的学法与教法。

思想：以人为本、以学为本、因学论教、教学做合一

在考虑学生的认知水平时，教师要想到学生在课上可能的反应和问题。很多老师只是单方面地考虑怎么教，没有考虑到学生认知过程中的困难，只有方案一，没有方案二。结果学生一提问就愣住了，没法照原来的教案再讲下去。周国彪在备课时已经把学生可能出现的问题尽可能地考虑进去，所以面对学生的提问总能从容不迫，实施第二套乃至第三套方案。很多人在听过周国彪的课后都说："周老师，您的应变能力真强！"周国彪却谦虚地说："其实不是我的应变能力强，而是我事先已经想到了。"

这种课堂应变能力需要教师认真备课和平时积累，时时关注学生，制定教学预案。所谓"台上一分钟，台下十年功"、"博观而约取，厚积而薄发"，就是这个道理。课上的应变处理可能只需要一分钟的时间，但是却要靠课下多年的学习和思考才能实现。有的教师上课时不敢调整教案，就是因为心里没底，怕说错话。我国已故英语泰斗李赋宁教授曾经遇到一个喜欢考老师的学生。他在课堂上当众问道："李老师，'酒糟鼻'英语怎么说？"这个学生本以为会让老师当众难堪，却没想到李教授立刻给出了答案："Grog-blossom."李先生能从容应对学生的问题，完全得益于他平时"读词典"的爱好。"grog-blossom"就是李先生在读《简明牛津词典》时记住的表达法。这则小故事说明，课上的临场应变与发挥其实是与课下的学习分不开的。应该说，教师的课外自学其实也是一种备课。只不过这种工作不是针对具体哪一节课而做的准备，而是一种"时刻准备着"的状态。经过长期的积累，教师就能达到《礼记·学记》中所说的境界："善待问者如撞钟，扣之以小者则小鸣，扣之以大者则大鸣，待其从容，然后尽其声。"

为了备好学生，教师还必须考虑学生的情感因素。陶行知先生说："学生有了兴趣，就肯用全副精神去做事情，所以'学'和'乐'是不可分离的。"[①] 有些老师经常抱怨学生不爱学，"一代不如一代"。周国彪却不这样看。他坦率地说："外语是比较容易引起厌倦的学科。这种厌倦不能完全怪学生，跟我们老师是有关的。有些老师只想着把知

---

① 何国华. 陶行知教育学 [M]. 3 版. 广州：广东高等教育出版社，1997：91.

"教学做合一"的践行者——周国彪教育思想研究

识给学生讲透,却没有想想,如果你是学生,你能听得进去吗?在教学过程当中怎么让学生有兴趣去学,实际上问题在我们老师这一头。"要贯彻"以学为本"的教学观,英语老师必须关注学生的兴趣。下面是周国彪本人的一个教学案例:

有一篇课文叫作 American English and British English。我讲这一课时,却不是直接从语言讲起,而是从演员导入的。上课以后,我先放了一张周润发的幻灯片。他戴着黑帽子和墨镜,穿着风衣。打出来以后,学生异口同声地说:"真酷!真酷!"我知道这个"酷"是从英语的"cool"一词来的。于是我的导入开始了。我就说:"I really don't understand the word. Could you tell me what's so '酷' about Chow Yun-Fat?"这时学生一下子就被调动起来了,开始跃跃欲试。有个同学说"酷"是 handsome,是非常帅的意思;有的同学说"酷"是指表情冷峻;还有人说,"酷"就是性感。但是大家怎么讨论都讨论不出一个确切的意思,意见不统一。最后有一个学生站起来,他说:"Stop for a while. I can't talk about it in English. Could I speak Chinese?"我说,你可以用中文来讲。他说:"周老师,实际上'酷'怎么解释,只能意会,不能言传。"我说:"Terrific! You've hit the point! It can not be explained in words, but be sensed by intuition."我又接着说:"语言就是这样,虽然一个词的意思可能你也懂,我也懂,可以用语言交流,但是我们很难用一个词来解释另一个词,要用一种语言来解释另一种语言就更困难了。语言精彩之处也就在这里。"然后我们就很自然地讲到了语言的问题,讲到语言的变化、语言的相互渗透,最后便引出本节课要讨论的主题,关于 American English and British English。我说:"American English and British English are a little bit different from one another in some ways. If we want to know about it, let's enjoy the text."结果全班同学的积极性都很高。

这个案例是教学中的"导入"环节。导入的成败,在于能否成功调动学生的兴趣，引入教学主题。周国彪设计这节课时，电影《卧虎藏龙》正在热映，影星周润发成了很多学生的偶像。周国彪便琢磨，能不能在周润发身上做一做文章。他又想到，学生的流行语"酷"正是美式英语输入到汉语的词汇。在和学生聊天的时候，周国彪曾经问过他们对"酷"的理解，大家你一言我一语，各有各的理解。于是，从周润发引出对"酷"的讨论的思路形成了。

周国彪认为，"教贵情深"。英语教师要突出语言教学的情感性：调动学生学习英语的积极情感，感染学生，力求创设轻松、幽默的课堂气氛。

3. 说学生能懂的英语

很多年轻英语老师上课时，经常使用大学乃至研究生课堂里的词汇。一节课下来，学生除了对老师的词汇量佩服得五体投地之外，什么也没听懂。还有的老师在讲新词时，把词典的英文解释原封不动地呈现给学生，结果是用生词解释生词，效果反而比用中文解释还差。周国彪认为，英语教师的真正功力在于用口语化、形象化的浅显英语授课，在学生理解困难时，能用几种不同的方式进行解释。他说："课堂不是教师展示口语水平的舞台。不论老师的英语多漂亮，如果学生英语说得不漂亮，老师也就不'漂亮'了。"他的经验说明，在备课时，教师应该找出学生理解的难点，并准备好几种解释方式。上课时要注意观察学生的表情，如果发现学生对一种解释听不懂，教师马上用另外的方法解释。如"Mary refused his invitation, which made him very much surprised.", 句子结构有点复杂，教师完全可以简化为："He was very much surprised that Mary refused his invitation." 或 "To his surprise, Mary refused his invitation."。再如，将"A public opinion poll conducted by the Washington Post and the American Broadcasting Company shows support for Israel among Americans has declined sharply since the massacre of hundreds of Palestinians at two refugee camps in Beirut."化解为"The Washington Post and the American Broadcasting Company did a public opinion survey. The survey shows that the support of Americans for Israel has become weaker very fast since Israel killed so many Palestinians at two homeless people's camps in Beirut."。

其实，用语浅显生动也是陶行知先生的一贯风格。虽然陶先生有深厚的国学功底，又在美国学习了三年，但是他在大众和学生面前从来不说文绉绉的话，也不把英语挂在口头，而是用劳动人民朴实生动的语言，深入浅出地讲道理。他的名言"千教万教，教人求真；千学万学，学做真人"、"行动是老子，知识是儿子，创造是孙子"、"不做人上人，不做人下人，不做人外人，只做人中人"等，读起来都朗朗上口、生动形象。陶先生推广"小先生制"时，一些小先生在教学中遇到了困难，向陶行知诉苦。陶行知在"给吴立邦小朋友的信"中写道："我们在社会上做事就要预备碰钉子。碰钉子的时候有两个法子解决：第一，硬起头皮来碰，假使钉子是铁做的，我们的头皮就要硬到钢一样，叫钉子一碰到钢做的头皮上就弯了起来；第二，是把我们的热心架起火来，把钉子烧化掉。"[①] 陶先生通过"碰钉子"、"硬起头皮"、"热心架起火来"这种形象的语言鼓励学生要凭毅力和爱心克服困难，用"俗言俗语"讲了大道理。他说："不论诗或歌，只要人民能接受，听得进耳，背得上口，都是好的。"[②] 这番话对英语教师的语言应该也有启示作用。周国彪的体会是："陶先生的语言生动诙谐，通俗易懂，表面上看起来似乎非常浅显，但是细细体会起来却极富深意。我们应该向陶先生学习，既不说老八股，也不说洋八股，而要用学生喜闻乐见的语言。"

4. 注重反思

为了提高教学效果，教学反思是必不可少的功课。周国彪下课以后，常常捧着茶杯出神，其实就是在回忆上一节课中自己教学处理的得失。他把反思分为三类：反思得失、反思创新、反思疑难。反思得

---

① 陶行知. 预备钢头碰铁钉——致吴立邦 [M]//陶行知. 陶行知全集：第八卷. 成都：四川教育出版社，1991：55.

② 陶行知. 关于诗的谈话 [M]//陶行知. 陶行知全集：第四卷. 成都：四川教育出版社，1991：532.

失是指教师发现自己一堂课上的成功之处和失败之处,而"成功"与"失败"的标准就在学生的学习效果。反思创新是指回想今天的教学实践与以往教学的不同之处,确定新的做法是否有道理、旧的做法是否需要改正。反思疑难是指回想学生出现困惑、倦怠的场景,然后从自己的教学上找问题。他说:"学生的反应就是教师教学的镜子。一节课上完,学生仍然意犹未尽,个个跃跃欲试,那么教学效果绝对好。要是一节课上下来,学生始终很沉闷,那么肯定是什么地方出了问题。遇到这种情况,我心里也是忐忑不安,就会想着赶快把毛病找出来。所以我们当老师的,必须时刻关注学生的喜怒哀乐。"

反思得多了,周国彪对如何调动学生的积极性、如何让教学符合学生的认知结构、如何处理课堂意外状况就有了经验,教学设计能力和教学机智不断提高。

(三) 教学的依据:因学论教

自20世纪90年代以来,各种英语教学法层出不穷,很多英语教师都感到应接不暇,一种教学法还没有完全掌握,另一种新的方法又出现了。上公开课的时候,有些老师为了显示自己的"水平",不敢使用传统教学方法。周国彪始终以辩证的态度面对各种教学方法和理念,不因某种新教法影响大而盲目追随,也不以某种老教法历史久就加以摒弃。他坚持"因学论教"、"以学评教",强调学生才是思考、评价一切教学方法的标准,始终坚持在继承的基础上创新,把学生放在教学的首位。他冷静地指出:

> 三十八年的从教历程,让我亲历了我国英语教学行进的脉络。在改革中,我们且行且思。传统的英语课程过分重视语法和词汇知识的讲解和传授,忽视对学生实际语言运用能力的培养,致使学生数年的学习成果被冠名为"哑巴英语"。我们清醒地意识到问题后开始进行英语教学的改革,但新的问题随之产生:为追求课堂效果的"新颖、热闹"而有意淡化语言知识和语法教学。

反观当下的英语教学，我们确实可以发现走极端的情况。有的老师认为新的教学理念和方法与传统教学方法相互排斥，产生了以下认识：

①交际能力的培养和语法教学相矛盾。为了培养交际能力，就应该弱化语法教学。

②发现式学习、合作学习、多媒体教学与教师讲解相矛盾。为了让学生多发现、多合作，为了突出多媒体技术的作用，老师必须少讲乃至不讲。

在这些认识的影响下，某些英语课堂出现了这样的倾向：注重学生输出的可理解性、不注重语言使用的准确性；强调教师作为帮助者（facilitator）的作用，轻视教师作为示范者（demonstrator）的作用；突出电脑等电子媒体的作用，弱化教师自身和黑板作为媒体的作用；关注百科知识（knowledge of the world）的学习，忽视语言知识（knowledge of the word）的学习。

在很多公开课上，英语教师羞于乃至害怕讲语法；PPT做得越来越别致，板书却越来越少、越来越差；电脑"说"得越来越多，老师讲得越来越少；百科知识讲得越来越多，语言知识讲得越来越少。热热闹闹的英语课上充满了各种新颖的活动，学生的学习热情似乎很高，可就是看不到学习语言的过程。

针对这些现象，周国彪坚持以客观的态度对待传统和革新：

> 传统的教学过程当中有很多东西是很有效的。不应该因为现在搞课程改革，搞探究性学习和合作教学，就以为我们原来行之有效的东西都没用了……整个课堂教学要有广度、有深度，实实在在。教学设计应该不花哨、不作秀，恰到好处、恰如其分，真正落实英语教学的有效性，即效果、效率、效益三者的统一。

这番话可能是很多有经验的教师想说而又不敢说的肺腑之言，也道出了摆在所有英语教师面前的挑战：如何古为今用、洋为中用，建立起符合中国国情、有中国特色的英语教学体系。在西方舶来的理念满天飞的背景下，这种不赶时髦、注重实效的价值取向无疑是可取的。

下面从语法教学、多媒体技术、板书、背诵法四方面具体介绍周国彪"因学论教"的教学观。

1. 优化语法教学

周国彪认为，不应从片面重视语法教学转为片面忽视语法教学。重视学生的交际能力无疑是非常正确的，让学生死记硬背语法术语的做法也确实应该废除，但这并不意味着语法教学已经寿终正寝。在很多人误以为"重交际就是要轻语法"的情况下，周国彪的提法给人以振聋发聩之感："语法教学不应该弱化，而应该优化。"虽然自20世纪80年代初以来，克拉申（Krashen）等学者一直反对专门教授语法，但是很多研究都表明，语法教学对学生英语水平的提高有很大帮助。在对近年来语法教学研究的总结中，侯赛因（Hossein）和福托斯（Fotos）提出了支持语法教学的四大理由[①]：

（1）对语言形式的有意关注是语言学习的必要条件

多位学者（Schmidt, Leow, Rutherford, Tomlin & Villa）认为，兴起于20世纪80年代的假设——不需有意注意语言形式就可以学好语言——在理论上站不住脚。很多实证研究表明，对语言形式的关注是语言学习的重要组成部分。斯柯翰（Skehan）和托马塞洛（Tomasello）进一步指出，语言学习者也许不能同时处理输入语言的意义和形式，因此很必要让学习者关注语言形式，否则他们会只关注语言的意义而忽略语言的形式，因而不能掌握语言的结构。

（2）语法教学可以促进学生外语水平的发展

通过对德国英语学习者的实证研究，彼能曼（Pienemann）提出了"可教性假说"：尽管外语学习的某些发展阶段顺序相对固定、不可变动，但是相当多的语言结构不受这些阶段的影响，可以被随时教会。语法教学符合学习者的语言发展水平时，会有利于外语学习向更高阶

---

① Nassaji H, Fotos S. Current Developments in Research on the Teaching of Grammar [J]. Annual Review of Applied Linguistics, 2004, 24: 126-145. 本节所转述的各专家的观点均出自这篇文章。为了避免烦琐引证，凡出自该文的文献均不单独注明出处，只交代作者姓名。感兴趣的读者请参考该文的文献目录。

段发展。基于这一假说,有些学者认为,在以交际能力为中心的英语学习课程中,语法教学应占有一席之地。

(3) 重视有意义的交际而忽略语法教学可能会影响教学效果

对忽略语法教学的语言学习项目的大量实证研究表明,学生长期的有意义的语言输入并不能弥补缺乏语法教学的不足。通过研究加拿大法语"沉浸式"教学项目(Immersion Programs)的教学效果,斯温纳(Swain)等学者发现,长期沉浸在法语语言环境中的很多学生并不能准确掌握某些法语的语法结构。因此,语法教学对于准确掌握外语仍然必不可少,"纯粹"的交际法教学被认为是有缺陷的。

(4) 语法教学被证明有积极作用

大量实证研究表明,专门讲解某些语言结构以及更正学习者的语法错误确实有助于提高学生语言输出的准确性。诺里斯(Norris)和奥尔特加(Ortega)回顾了49项对第二语言教学有效性的研究之后,发现"外显式教学"("explicit instruction",即呈现语言结构、讲解并举例、给出使用规则的教学方法)比"内隐式教学"("implicit instruction",即把语言形式包含在交际性语用活动中的教学方法)明显有助于学生掌握语言结构,而且效果可以持续很长时间。

由此可见,彻底否定语法教学是不足取的。《普通高中英语课程标准》中,语法仍然在"语言知识"部分占有一席之地。正如周国彪所言,问题在于如何"优化"语法教学,让语法学习既有意思又有意义。周国彪指出:"语法本身不是目的。语法是可以扔的,但是要在理解之后再扔。语法是拐棍。"这就是说,学语法的目的不是成为语法专家,而是为了培养学生的语法意识,提高学生的语用能力和自学能力。早在1991年,美国学者迈克尔·朗(Michael Long)就区分了"Focus on Form"和"Focus on Forms"两种不同的语法教学方式[①],在国际英语教学界产生了很大影响。"Focus on Form"指在有意义的交际环境下引

---

① Long M. Focus on Form: A design feature in language teaching methodology [M]//de Bot K, et al.. Foreign language research in cross-cultural perspective. Amsterdam: John Benjamins, 1991: 39-52.

导学生关注语法形式,而"Focus on Forms"指的是把不同的语法规则单独作为对象加以学习的方式。"Focus on Form"把语法和交际结合在一起,已经被很多人认为是较为理想的语法学习模式。这从另一个侧面印证了周国彪"优化"语法教学的主张。关于周国彪是如何组织语法教学的,在后面还会有详细讨论。

2. 恰当使用 PowerPoint

PowerPoint 是全球广泛使用的演示工具。根据美国学者塔夫特(Tufte)的估计,每年被人们创造的 PPT 高达一万亿张。[①] 随着教学技术的发展,电脑已经进入了很多教室。因为有制作方便、图文并茂等优点,大多数教师都在教学中使用 PowerPoint,几乎所有的英语教师在上公开课时都要制作 PPT。有些年轻教师甚至在课上只用 PPT,完全不用板书。

周国彪对此表示了深深的忧虑。他形象地把用 PowerPoint 包办一切的做法称为"拉洋片":

> 我们英语课堂是听、说、读、写四个环节的训练过程,不是看你拉洋片。为什么叫"拉洋片"?老师上课所有的语言、所有的活动、所有的材料在 PPT 上全有,就像拉洋片一样,一拉就全出来了。听、说、读、写全被看屏幕替代了,这是退步,不是进步。而且滥用 PPT 还有一个问题,就是有些幻灯片学生还没看完就翻过去了,学生没有记笔记的时间,也没有思考的余地。

一些中外研究者也指出了课堂教学过分依赖 PowerPoint 会带来危害。

(1)学习方式单一

教师完全依赖 PPT 呈现教学内容后,学生只通过阅读获得语言输

[①] Tufte E. The Cognitive Style of PowerPoint [M]. Chesire, CT: Graphics Press, LLC, 2003.

入，听不到英语。有些学生因为课后可以得到教师的 PPT，所以上课也不记笔记。这样一来，学生只以一种非常被动的方式进行学习，不利于发展其听力和记笔记（note-taking）的能力。时间一长，学生还会对阅读屏幕产生厌烦，难免会走神。

（2）内容浮浅

PPT 只能用列表的方式呈现文字。每页的点句符（bullet point）布局迫使人们只能把知识体系分割为分散的"要点"和层级体系（hierachy），事物之间的复杂联系和微妙差别只有在被大大简化之后才能出现在 PPT 页面上。同时，修饰成分（如图片、模版、声音等）占据了很多资源，进一步侵占了文字内容的空间。塔夫特认为，PPT 所能呈现的内容实际上只和儿童读物的认知水平相当。如果只通过 PPT 学习知识，学生的认知能力可能会停滞不前甚至退化。

（3）阻碍思考

PowerPoint 每页能呈现的内容很少，一般不超过 40 个英文单词[1]。教师一般要制作很多页才能完整展示教学内容。学生一页接一页地看屏幕，不能根据自己的需要回看以前的页面或者把不同的页面进行对比。这种单一的线性信息获取模式不利于学生了解知识的背景或评价事物之间的联系。

（4）课堂交际缺乏人性

英语课堂的交际方式本来应该非常人性化，教师和学生之间的交流可以让教师了解学生的许多情况。单纯依赖软件呈现教学内容之后，师生交际退化成了"机生交际"。

其实，PowerPoint 只是教师的一个工具。运用得法，会增强教学效果；运用不得法，只会适得其反。这也许就是为什么国内外很多研究都表明，使用 PPT 与教学效果之间没有必然联系。对于如何恰当使用 PowerPoint，周国彪有几条建议：

①电脑演示要与板书结合起来使用。特别是在学生做发散性思维

---

[1] Tufte E. PowerPoint Is Evil［EB/OL］.［2010-08-20］. http：//www.wired.com/wired/archive/11.09/ppt2.html.

活动（如 brainstorming）的时候，用板书比较容易呈现学生现场的反应。如果教师播放做好的 PPT，屏幕上的内容和学生的输出不符，就显得很被动。

②不要把所有的教学内容都用 PPT 来展现。可以只在 PPT 上提示要点，为学生听、说、写活动留出空间。

③不能用 PowerPoint 取代师生交流。教师的提问不能全靠 PPT 来展示，应该有学生听老师说英语指令或英语讲解的活动。

④制作 PowerPoint 时，不要只追求新奇的演示效果而忽视内容的呈现，也不要让花哨的演示效果分散学生的注意力。页面上的动画要可以控制，不能动起来没完没了。

⑤不为课件所束缚，敢于灵活调整 PPT。课堂状况瞬息万变，往往超出教师的预设。因此教师要根据学生的反应，及时添加、修改、删除课件的内容。

3. 用好板书

长期以来，板书一直被称为"微型的教案"、"教学的窗口"，被认为是重要的教学基本功。进入电脑时代以后，板书在英语课堂中的地位似乎不断下降。有些年轻教师认为电脑屏幕能代替黑板，有些教师认为板书差一点也没关系。周国彪认为，和电脑相比，板书仍有不可替代的三大优势。

（1）空间大

黑（白）板的书写空间远远大于电脑屏幕。教师可以把整节课的内容同时呈现到黑板上，让学生一目了然、"全课在胸"，这是任何一张 PPT 都做不到的。板书的过程是教师讲课的过程，教师在黑板上可以画龙点睛地把主要内容有层次地逐步展现在学生面前。同时，黑板可以成为课堂中的英语交际平台。教师可以请多个学生同时在黑板上用英语输出，既方便又节省时间。

（2）操作方便

黑（白）板书写方便，可以即写即擦，教师能随时根据课堂情况调整板书。一个学生说了好词好句，教师可以立刻写到黑板上，既方便其他同学学习,也能鼓励这个学生。设定好的电脑课件则相对固定,不方便临时调整。在示范英语书写时,黑(白)板的便捷更加明显。

(3) 富于个性和艺术性

许多优秀教师都是"黑板书法家",板书是展现教师个人魅力的窗口。不管课件做得如何精美,电脑屏幕上的字体和大部分图片都是别人设计的,无法真正体现教师的个性特点。板书则是教师个人的独创,能真正体现教师的个性。有的数学老师不用工具,徒手就能在黑板上画出标准的几何图形,有的语文老师书法秀丽工整,一出手就征服了学生。一句话,好板书能充分体现教学的艺术性,能赢得学生的尊敬。

由于板书以上优点,周国彪非常重视板书设计,认为板书应该是教学评价的重要指标之一。他说:"板书应当呈现课文的精华和教学发展的脉络,所以我的板书尽量不擦。讲课过程当中我要通过板书来展现一节课的重点。"

板书设计要考虑到文字、符号、线条、表格、图画、色彩等各种表达手段,里面有很大的学问。彭小明指出,板书设计应该是"知识性与教育性的统一、科学性与艺术性的统一、实用性与趣味性的统一、常规性与多样性的统一、整体与重点的统一、继承与创新的统一"[①]。张镇权总结了"提纲式、图示式、表格式、简述式、连线式、对比式、阶梯式、归纳式、回环式"等九种板书版式。[②] 周国彪的板书经验可以总结为以下几点:

①留心顺序。依照教学内容,决定书写顺序是从左到右、从右到左,还是先中间再两边。

②留意版面。上课前,要根据黑板的尺寸设计好字的大小和行数。

③留住重点。板书要语言精练,"浓缩整节课的精华"。

④留下典范。板书要漂亮,能为学生书写英语提供示范。

教育部前发言人王旭明在 2008 年 11 月 29 日的博客里写道,他最初之所以喜欢语文,是和他的语文老师密切相关的——

---

① 彭小明. 教学板书设计论 [J]. 教育评论, 2005 (6): 69-72.
② 张镇权. 板书设计九式 [J]. 黑龙江教育, 2005 (9): 8-9.

我还记得，我学《谁是最可爱的人》一课时，我们以为老师又要上来就是关键词、句、段，然后分析一通，还有这里应该用句号那里为什么用逗号，等等。但那天的那位老师与众不同，他转过身首先在黑板上写下"谁是最可爱的人"几个字，那优美而又风格独特的板书首先就让我们震惊了！因为以前的语文老师没有谁能写这么一笔好字。然后他说，谁是最可爱的人呢？接着就用十分钟的时间声情并茂地把这篇文章给背了出来。其间还不时揩拭眼泪。我现在回想当时都觉得很激动，由此我爱上了语文，并由此学上了中文，并做了一名语文老师……这个经历使我深深体会到，老师的魅力在学生的成长中多么重要。

王旭明的个人经历说明，板书确实是教师个人魅力的重要组成部分，而教师魅力又是学科魅力的重要来源。当很多英语老师埋怨英语课太枯燥、学生不爱学的时候，是否想到过，自己对学生有没有吸引力呢？如果大家都能像周国彪、像王旭明的语文老师那样，写得一手好板书，那就为激发学生学习的热情打下了坚实的基础。

4. 重新审视背诵的作用

传统语言教学的"罪行"之一就是让学生死记硬背。学生越背越烦，语言越学越死。背诵似乎已经成了教学改革中的众矢之的，在强调语言运用能力的今天，很多英语老师已经不敢再让学生背诵英语文章了。

然而，背诵却并没有完全退出教育界。很多励志故事都在宣传伟人幼年曾经背诵过多少名篇，以及这种积累对他们日后的发展起了多大的作用。巴金、丘吉尔、罗素等著名文学家都承认从背诵中获益匪浅。语文课程标准中要求1~6年级学生背诵古今优秀诗文160篇（段），7~9年级学生背诵80篇（段），合计240篇（段）。在很多人倡导"像学母语一样学英语"、"英语老师向语文老师学习"的时候，他们是否反思过背诵在英语学习中的作用呢？

丁言仁和戚焱通过实验研究发现，背诵课文对提高学生英语水平确有成效。具体体现在以下几个方面:"一是有利于写作。有的同学在写作时,恰到好处地运用曾背诵过的词句,书面表达能力逐步提高。二是有利于口语。经常背诵课文的同学明显感到自己说英语时语速加快,应变能力增强,口头表达能力有所提高。三是有利于词汇量的增加。背诵范文使不少学生学到许多好的短语和句型,并用于说和写中,培养语感,从而把好的语言变成自己的语言。"① 最近,多项国内的实验研究都显示了背诵对英语学习的积极作用。②

背诵的作用也有理论依据。著名语言学家斯柯翰指出,语言知识在长期记忆中的储存形式有两种:一种是以语法规则为基础的分析性体系;一种是以记忆为基础的套语体系。③ 分析性体系所占脑空间小,创造性和灵活性强,但需要较多时间和注意力;套语体系中则包含了大量的语块,能够在有限交际时间的压力下快速提取,保证语言的准确、流利、地道。两种体系的优缺点互补。不难看出,正常的日常交际水平需要套语体系的支持,只有当套语体系中存有足够多的能随时提取的"预制语块"时,大脑才能为分析性体系释放出空间,以便对语言内容和语言形式进行选择。而套语体系则建立在大量记忆的基础上。由于背诵会使学习者关注原文中语言使用的细节,学生在背诵之后会存储很多公式化、可直接运用的短语语块。背多了,语块存储多了,语言表达自然也就丰富和流畅了。

著名学者许国璋先生的一段经历就是很好的例证。许先生在高中二年级学《英美文学入门》课,课本的最后一篇是剑桥大学文学教授奎勒·库奇(Quiller Couch)写的莎士比亚剧本《恺撒大将》(*Julius Caesar*)的评述。这篇文章长达三十页,一万两千字。当时是冬天,屋里很冷,许先生只好一边走一边诵读。他朗读了全篇课文,第一遍花

---

① 丁言仁,戚焱. 背诵课文在英语学习中的作用 [J]. 外语界,2001 (5):58–65.
② 参阅:孙波. 背诵范文对提高高中生英语写作能力发展的作用研究 [D]. 上海:华东师范大学,2009;徐丹. 初中学生英语背诵情况调查和改进策略 [D]. 上海:华东师范大学,2009;陈建国. 论英语背诵教学的有效性 [D]. 福州:福建师范大学,2008.
③ Skehan P. A Cognitive Approach to Language Learning [M]. Oxford:Oxford University Press,1998:3–4.

了五小时,后几遍稍快,但也不少于三小时。读了三四遍以后,他开始对容易懂的段落边读边背。这一番苦功没有白费,期末考试时,正好考的是这篇课文。许先生觉得自己作答时,"句子比较顺,句法也有变化,只觉得无心造句,句子自成"[①]。这种"无心造句,句子自成"的境界正是背诵范文的结果。

在"因学论教"的辩证教学观的指导下,周国彪始终坚持对背诵法的探索。在20世纪80年代,学生能接触到的英语资料非常少,周国彪和同事们要求学生背诵所有的课文,每个学生都要检查。当时,每个老师都要带二至四个教学班,一百多个学生。周三到周五是检查日,外语教研室每天晚上灯火通明。课课要背、人人过关的方法坚持了十几年,英语组的老师每天都是最晚关灯离开学校的人。

师生的辛勤努力收到了良好的效果。学校的高考英语成绩逐年攀升,外语尖子生也多起来。很多毕业生回来都对周国彪说:"背书很有用。上大学以后,过去学的很多东西都记不清了,但是您让我们背的那些我还记得。我现在能说的几段英语都是在中学时背的。"周国彪总结说:"我们学校的英语教学经验有多方面,其中背诵是重要的一条。我们中国人自己创造不了英语。英语学习需要借鉴和模仿,背下来的东西,不知什么时候就会有用。要用好英语,学生脑子里面就要积累一些素材,这些素材就从范文里面来。积少成多,到时候就是一笔财富。有了这笔财富,学生就可以把别人精华的东西拿来自己用。"

后来,学生背诵的内容改成了《新概念英语》。中学英语教材的质量提升以后,学生又开始背课文中的精彩段落与句子。学生对这种改变非常欢迎,一是因为负担不重,二是因为背过的句子不仅文字漂亮而且用得上。基础差的学生通过背书,可以记住每单元的重点,学习效果就有了保证。

除了丰富词汇的作用以外,周国彪发现背诵还有两个好处:一个好处是可以提升学生语感。周国彪教过的一位初中生考到北京四中(北京市重点中学)以后,教惯了尖子生的四中老师也不禁对这个学生

---

① 许国璋. 回忆学生时代 [J]. 外语教学与研究,1995 (2): 75-76.

的语感感到惊讶。四中的老师问:"你是怎么判断一句话的对错的?"周国彪的学生答道:"老师,只要我念起来感觉差不多,这样的句子就是对的。"后来这位学生对周国彪谈及此事时说:"我的语感就是通过背诵培养出来的。背得多了,就对英语有了感觉。"背诵的另一个好处就是训练学生的语音和语调。学生背诵时用复读机录音,再和课本录音相比较。这样,学生会关注自己在语音方面的问题,更好地模仿课本录音。

周国彪肯定背诵在英语学习中的作用,并不是要让英语教学退回到"背死书"的时代。他反对"死记硬背",提倡在理解的基础上记忆,扩大学生"可理解的输入"。一项对我国优秀英语学习者的研究表明,大部分优秀英语学习者都采用朗读、背诵、默写、复述等传统学习方法,79.1%的优秀英语学习者在英语学习中使用背诵的方法,26.8%的人经常背诵。[①] 因此,在不影响学生学习积极性的前提下,让学生适当地背诵英语是有好处的。

目前,相当一部分英语老师都是国外理念的"发烧友",以国外专家的理论为圭臬,对中国传统教学观念不屑一顾。周国彪"因学论教"的观点对这些老师不啻是一份清凉剂。

(四)教学的方法:教学做合一

> 什么叫做?做就是做事。语言最后能够用到做事就是表情达意。
> ——周国彪

"教学做合一"是周国彪教学思想的核心。既然"做"是"教"与"学"的基础,那么,英语教学中的"做"是什么呢?周国彪认为,英语课中的"做"就是用英语交际。为了达到交际的目的,学生必须树立"句子意识",掌握理解和使用句子的能力。

---

① 董研.中国成功英语学习者的学习经验研究[D].上海:上海外国语大学,2007.

思想：以人为本、以学为本、因学论教、教学做合一

在第一节课上，我问学生："语言的最小单位是什么？"学生回答什么的都有。"是单词！"很多学生说道。我说："不对，不可取。"有的学生说："是词组！"我说："也不好。"有的学生干脆说："是字母！"我说："语言是干什么的？"学生说："语言是用来交流的。"我说："好，我们能用字母来交流吗？你们是怎么说汉语的？"结果学生都说："老师，是句子！"我说："对了。"

句子对于外语学习的重要性，许多专家学者都有论述。我国著名学者李赋宁说："掌握单词固然重要，但句子的结构更为重要，故要特别注意语言的结构。因为有了单词，而没有句子，你的思想是无法表达的。所以学习句子的结构是最重要的。"① 周国彪的想法与李赋宁教授不谋而合。

句子教学贯穿了周国彪高中英语教学的始终。在深入研究的基础上，他提出了中学英语句法"三足鼎立"说，高屋建瓴地概括了高中阶段的英语句法知识。

句法的第一根支柱是英语简单句的基本结构与意义。英语简单句的五种基本句型包括：SV（主语+谓语：She cried.），SVO（主语+谓语+宾语：I love you.），SVOO（主语+谓语+直接宾语+间接宾语：She gave me a book.），SVC（主语+谓语+主语补足语：She is beautiful.），SVOC（主语+谓语+宾语+宾语补足语：They elected him president.）。周国彪认为其中的宾补句型（SVOC）非常重要，因为这是用处很大、变化很多的一个句型。make，have，get，see等常见动词都可以带宾语补足语，而且形式主语、形式宾语、过去分词、现在分词、动词不定式等语言结构都能在这个句型中出现。SVOC句型的难点在于C（complement，宾语补足语）的选择。周国彪告诉学生，宾语补足语（C）是对宾语（O）的补充说明，O与C之间在逻辑上存在必然的主谓关系，有些SVOC结构还可以转换为宾语从句（如"We found him asleep on the sofa."可以转换为"We found that he was asleep on the

---

① 李赋宁. 英语学习经验谈 [M]. 北京：北京大学出版社，1993：11-12.

sofa."）。周国彪风趣地说："如果看破了这层关系，'看破红尘'，你就能掌握 SVOC 结构了。"

句法的第二根支柱是英语简单句的组合，即从句与复合句。为了帮助学生理解复合句，周国彪用通俗易懂的方式进行了讲解。他说，单句是完全独立的个体，是不可能与另一单句合二为一的。单句只有依靠引导词的帮助，才能使单句变成一个"单词"功能。英语中一个单句通过引导词的牵线，可以演变成一个名词、一个形容词或一个副词，即名词性从句、形容词性从句和副词性从句，单句变从句之关键是引导词的选择。三类从句的结构特征具有共性，即"引导词＋陈述句语序"。若两个单句合二为一，但彼此又保持着独立的结构，那关联词同样不可缺少，此时依据两句之间的意义关系，选用 and，but，so，for 等关联词。自然，复合句包括主从复合句和并列复合句。这是学生学习的难点，尤其是主从复合句，因为主从复合句里有两个甚至几个"小句"（clauses），学生不容易把握小句间的关系，从整体上理解句子。周国彪认为这一部分学习的重点在引导词，因为引导词的选择决定了从句的类型。在"设身处地、化难为易"思想的指导下，他形象地把引导词称为"中介"、"媒婆"，并告诉学生，当从句加上"中介"以后，从句在复合句里的作用就相当于简单句里的名词、形容词和副词。学生认识到这一点以后，就能够从全句的高度把握从句了。

句法的第三根支柱是英语语句的提升与演变，即三种非限定动词（"to do" form，"-ing" form 和 "-ed" form），周国彪称之为"句子的提升"。非限定动词是相对较高级的理解及写作技巧，使用得当可以增强理解及表达效果。

掌握了句法知识，学生就可以用英语表情达意了。周国彪觉得这是一个本事，因为学生学习生词容易，一查词典就行了，但是句子的生成和转化是查不来的，这是学生的能力。周国彪特别注意向学生介绍动词 make 加宾语补足语时的用法，他说："make 是所有 SVOC 复合结构中最有用的。"学生掌握了 make 的 SVOC 结构用法以后，可以用 make 弥补词汇量的不足。学生不会说 enlarge，就可以说 make sth. large，不会说 reduce，就可以说 make sth. small。老师在解释生词时，也可以用 make 的 SVOC 结构句型，这样就可以用英语解释英语了。有的学生因为单词量有限，总苦于有话说不出，但是用好 make 一类的"万用动词"以后，就能在口语和作文里表达很多意思了。

句法知识也可以帮助学生更好地理解英语文章。有的英文句子有很多修饰语，句子很长，学生往往看得头昏脑涨。周国彪告诉学生说，修饰语就是穿衣服化妆，看不懂长句子，说明大家不会"脱衣服"。学会给句子"脱衣服"以后，学生看句子就像看 X 光片，透过多余的修饰看，实质上只有五种骨架（即英语简单句的五种基本句型）。周国彪说："对一个句子和对一篇文章的理解，通俗地说，就是脱衣服和穿衣服的过程。脱衣服就是分析，学生先要看清修饰与被修饰之间的关系，能把长句变短句，看清句子的基本结构。然后再把'衣服'（修饰语）穿回去，还原句子，这样在理解上就不会有大毛病。"

为了培养学生的句法意识，周国彪对学生的阅读习惯有三个要求：第一，第一遍阅读时不许查词典；第二，文章里不能注单词的中文意思，而要标注句子结构；第三，遇到句子结构方面的问题才可以问老师，要了解生词的意思只能自己查词典。很多学生一看到生词就慌，忙着查英汉词典，在书上写满了中文。周国彪告诉他们："阅读时先要关注句子的结构，结构看懂了，你就会发现有些生词其实不影响理解。这些生词尽可以忽略掉，不要一头钻进生词堆里。如果一个生词在同一篇文章里连续出现了三次，你再去查。先把句子里属于'衣服'的成分挑出来，剩下的东西就是不可或缺的框架。看清属于哪种架子，然后你再把'衣服'穿回去，句子的意思就清楚了。"经过反复练习，大多数周国彪的学生都能熟练地分析句子结构，再也不怕读长句子了。

为了培养学生的句子意识，周国彪留的家庭作业也与众不同。每礼拜周国彪都会发给学生三篇阅读文章。他的要求是，学生不但要做完阅读理解题，还要标注文中各句的结构：从句加括号，谓语动词下面画两根杠，定语从句的引导词和修饰词之间还要画箭头，因为定语从句修饰的词很重要，定语从句的引导词就取决于被修饰的这个名词在定语从句中的成分。

（五）重视汉英对比

> 我不愿让学生误以为英语和汉语可以一一对等。
>
> ——周国彪

语言是文化和思维的重要载体。给中国学生教英语，需要教师对英汉两种语言及其文化背景都有深入的了解。只有深入了解两种语言和文化之后，教师才能真正体会英语的特点以及汉语对英语学习的正负迁移作用。周国彪在赴美做访问学者期间，专门研修了语言学理论，并完成了英汉对比的专著。他把语言、文化和思维紧密联系在一起，让学生掌握语言背后的文化色彩及思维差异，帮助学生使用"恰当、地道"的英语。

英语和汉语属于不同类型的语言。从语言构成单位来看，赵元任、吕叔湘、朱德熙等著名语言学家都认为汉语是"语素文字"，英语是"音素文字"。"它（汉语）的单位是字，不是字母，字是有意义的。汉字是这种文字的代表，也是唯一的代表……（英语）一个字母代表一个音素。"[①] 从语法的表现形式来看，英语是形态型语言，有曲折变化（inflection）；汉语是语义型语言，不像英语语法那样有显露的外在形式，不通过形式或形态来表示语言成分间的关系，而是让语义本身来体现这种关系[②]。周国彪认为，中国人学英语的难度很大，很重要的原因就在于两种语言的差别很大。他觉得中国学生在学习英语时，面临着两大任务："重构语言系统和建立跨文化意识。"

语言系统包括语音和语法等子系统。英语的某些音素和汉语的音素相近，但是发音的部位或发音的方式却有所不同，因此，在英语和汉语中，没有两个音是一模一样的。语法包括词法、句法、章法三个方面，汉语语法是隐性的、柔性的，英语语法是显性的、刚性的[③]。显

---

① 吕叔湘. 语文近著 [M]. 上海：上海教育出版社，1987：142.
② 潘文国. 汉英对比纲要 [M]. 北京：北京语言大学出版社，1997：115.
③ 同②，第114页.

然，汉语和英语之间很难找到一种一一对应的关系，英汉表达法之间并不对等。周国彪特别反对让学生根据单词表背单词的做法，因为这样不但使英语学习变得枯燥，更容易使学生误以为英语中的单词和汉语中的词在意义、用法上是对等的。如果学生形成这种错觉，就会用逐字翻译的方法造出不伦不类的英文句子。

语言差异的原因之一是思维方式的差别。汉文化提倡直觉、顿悟、综合性的思维，因此汉语在句法层次上重意合，汉语语段"以意念为主轴，以神统形，注重言和意的统一"[①]；英美文化注重推理、渐悟和分析。受这种文化影响，英语是在句法层次上重形合的语言，"通过词汇语法的显性衔接，在语言形式上把词语句子结合成语篇整体，结构完整，主、谓、宾齐全，呈直线形展开，逻辑性较强"[②]。

针对英汉语言蕴含的种种差异，周国彪指出：

> 英语教师一要培养学生语言差异的意识；二要解决有些英语语言表达的特色背后的文化背景的问题；三要注意克服中国学生用汉语思维产出的英语。这些问题常会遇到，遇到以后就要以适当的方式引导学生。

讲被动语态时，英汉对比语言学的知识就为周国彪的教学增加了深度。被动语态并非学生学习的难点，学生在使用被动语态时很少犯语法错误。但是，学生常常以为被动语态和主动语态的意义完全相同，很少知道何时应该使用被动语态。很多老师只满足于让学生写出语法上正确的句子，至于这些句子用得是否恰当，就不管了。周国彪认为，学语言就要学语言的实际运用，也就是地道的表达法。他向学生提了几个问题：

> 你们想过没有，为什么要有被动语态这个形式呢？英语当中有主动形式，干吗还要用被动形式，这不是多此一举吗？为什么

---

① 马冬虹. 外语教学中文化因素研究 [D]. 上海：上海外国语大学，2007：29.
② 同上。

> 汉语里的被动语态好像就不是很多呢?有的被动句里有介词 by 引导的词组,有的不写 by,但为什么可以不写呢?为什么英语被动句中有 by 的情况很少呢?

周国彪的问题,显示了他深厚的语言功底和敏锐的观察力。被动语态的意义和用法,英汉之间确有不同:

英语被动语态要么用于突出或强调动作承受者,不强调动作施动者,要么用于不知道施动者的情况,这就是只有 20% 的被动句含有 by 引导的介词词组的原因。①

相比较而言,英语的结构被动句(被动语态表示被动)比意义被动句(主动语态表示被动)用得多,汉语中的情况则恰好相反。如果句子无须指明或者无法指出动作的施事(agent),且主动意义与被动意义不致发生混淆,汉语一般就不用结构被动句,而代之以意义被动句,如:

E1. The thing was done.

C1. 这件事已做了。(不说"这件事已被做了。")

E2. The thing was well done.

C2. 这件事做得好。(不说"这件事被做得好。")

E3. The thing was poorly done.

C3. 这件事做得不好。或:这件事给弄糟了。或:这件事被搞砸了。②

以上三种意义里,英语表达都要用结构被动句,但汉语却用了意义被动句,只有在例三的情况下,汉语用结构被动句和意义被动句都可以。英语中结构被动句用得广泛,"主要是因为不必说出主动者、不愿说出主动者、无从说出主动者或便于连贯上下文等原因。汉语中结构被动句用得少,是由于汉语往往将宾语提前作为说话的主题,而在动词上暗示被动语气,即用词汇的手段表示被动,从而呈现为意义被动句。另外,汉语使用结构被动句时,大多数情况下要求施动者同时

---

① Michael Swan. 英语用法指南 [M]. 2 版. 庄绎传,等,译. 北京:外语教学与研究出版社,2000:564-565.

② 连淑能. 英汉对比研究 [M]. 北京:高等教育出版社,1993:92.

出现,否则就要用主动句结构"①。

以上是学者对英汉被动语态的研究成果。如果原封不动地讲给高中生听,恐怕他们很难理解。周国彪则巧妙地用浅显的语言给学生解释得清清楚楚:

> 为什么有的被动语态句子里又没有 by 引导的词组呢? 因为只要这种句式一出现,就意味着说话的人并不关注 doer of an action,而是关注 receiver of an action 的缘故。也就是说,一个句子要用这样的结构来描述的话,那你肯定只是告诉人家 receiver,而不是 doer。如"有人告诉了我这件事",用"Someone told me about it."来表示。这句话贴切吗? 这句话语法上是对的,但是不够贴切。为什么原句里不说张三、李四啊? 是因为说话人不愿意告诉你,或者说话人不清楚,但告诉了我,我知道了这件事的相关情况。那么用什么形式比较好? 倒过来更好一些,所以我最后把"I was told about it."写出来。
>
> 学生看了觉得挺别扭的。为什么呢? 因为他用汉语去思维,"我被告诉了这件事情",因为汉语被动语态用得不多,所以学生觉得不自然。英语有个基本规律,当说话的人只要并不强调动作的执行者,而强调动作的承受者的时候,这个被动语态是自然使用的。我跟学生们说,你们到了大学里以后,会看到一些专业教材里面被动语态很多,为什么? 因为它只强调这个零件的设计,怎么设计,怎么加工。谁加工? 当然是人去加工,它强调的是被加工的零件,所以被动语态出现得很普遍。而同样的意思,汉语只要加一个"被"字就可以了,而且我们中国人不怎么爱用被动语态,被动语态的使用频率在汉语中并不高。此时如果你再展示出这么一对句子:"'I will increase overtime rates,' said the boss.""'Sorry, overtime rates will have to be reduced.' said the boss."学生就会体会到老板为什么前一句话用主动形式而后一句话却用被动形式了。

---

① 余国良. 英汉被动句式对比[J]. 西安外国语学院学报,2001(3):5-8.

英汉对比本身不是目的，帮助学生说出地道的英语才是目的。周国彪非常善于利用学生的表达法，因势利导，把正确的英语表达方式介绍给学生。他说：

  讨论一个完整的主题的时候，如果学生出现一个很典型的中式英语表达法，其实老师可以把话题一转，稍微给学生点拨一下。因为这个是很好的活教材，利用一两分钟给他讲讲，就可以了。我们现在有的时候老师过于强调流畅性，就是不能干扰讲课讨论的主题。我觉得我们毕竟是语言老师，在不影响授课流畅性的基础上，中间可以适当插入一些解释和交流。这样课上得更丰满，老师也显得更有风采。因为这是一个真实的交际情境，老师不用另设情境就可以讲解语言的使用。当然并不是说所有的中式英语表达法都要更正，而是要根据学生的需要灵活处理。有经验的老师可能在这方面更敏锐一些，新老师因为没有想到，可能就把机会放过去了。我觉得这个机会肯定是可以找到的，但是必须得留心。留心很重要，要做有心人。

为了做"有心人"，周国彪坚持从作业中收集学生的英语表达法，他称之为"收集素材"。在讲到某一个句型、某一个词语的时候，他经常把学生的错句拿来分析。在日常交流中，周国彪也抓住各种机会。下面是周国彪利用英汉对比为教学服务的三个案例。

20世纪80年代初，电话还不普及，全校只有一部电话。有一次，有人打电话找周国彪。传达室的老师请周国彪的一个学生帮忙叫一下周国彪。学生匆忙跑到英语教研室，看到周国彪就说："You have a telephone."周国彪听了一笑，也没和这个学生多说，就先去接了电话。回来以后，周国彪在课上问大家："有人给你打电话，这个意思该怎么表达呢？如果我说'You have a telephone.'，大家能理解吗？"学生听了以后，都哈哈大笑，因为这句话是对汉语"你有个电话"的直译，在英语里，意为"你有台电话机"，这就闹了笑话。有的学生说："应该是'You're wanted on the phone.'。"周国彪说："对了。但是刚才的那句话怎么改呢？大家讨论一下。"同学们一阵交头接耳之后，给出了答案："You have a telephone call."周国彪点点头说："大家改得对，能达意了，但听起来不够正宗。'You're wanted on the phone.'才是约定俗成的英语表达法，突出电话里对方找的是你，至于谁找你则不清楚也不知道。强调 the receiver of the action 'wanted'，这就是英语被动语态的作用。"

另一次，周国彪给学生复习表示否定意义的英语副词。他问："'我爷爷没有多少文化，我爷爷没读过书。'这句话英文应该怎么说？"有的学生脱口而出："My grandpa didn't read many books."周国彪说："你思路很快，这很好。但是大家想一想，这句话和中文原句的意思一样吗？能不能用我们今天学到的词汇来表达一下？"学生仔细一想，才意识到"我爷爷没读过书"这句话其实不能只从字面来理解，它的真正含义是"没受过教育"。结合课上刚讲到的知识，有些学生给出了较好的表达方式："My grandpa could hardly read or write."和"My grandpa received little education."周国彪总结说："刚才的例子再次证明，中文的句子是不能逐字翻译成英语的。little, hardly 这些副词，都可以表示'没有多少'的意思，和 not 的意思相近，但是语气没有 not 强烈。我们要学会用这些词来表达否定的意义。"

周国彪在多年教学中发现，学生在说英语时不爱使用代词，而倾向于重复使用各种名词。他们最喜欢用的一个词就是"thing"，用 thing 来表示汉语里的"事"这个字。要问学生"有人告诉我这件事"怎么表达，很多人都会说："Someone told me this thing."周国彪在遇到学生"thing thing 不休"的时候，就会告诉他们：汉语里重复名词很常见，而英语忌讳重复名词，所以常要用代词。英语第三人称代词的使用率要高于汉语。汉语常用"事"，英语常用"it"。

讲解状语时，周国彪非常注意帮助学生体会中英文的差别。汉语中，名词词组可以直接作时间和地点状语，不需要介词。比如，"他三点钟到了北京"一句中，"三点钟"和"北京"就是名词或名词词组直接作状语。和汉语不同的是，英语中的大部分名词词组不能直接作状语，需要变为介词词组才行。前面的中文句子用英文表示，就成了：

"He arrived in Beijing at 3 o'clock."介词 in 和 at 出现了。很多学生受汉语的影响,往往直接把表示时间、地点的词组当作状语,忘记使用介词。周国彪告诉学生,Beijing, 3 o'clock 是名词,在英语句子里只能做主、宾、表,而 in Beijing, at 3 o'clock 才为地点、时间状语。英语的状语必须是介词加时间、介词加地点才行,学生很快就理解了。

上面的案例不仅体现了周国彪在英汉对比语言学方面的造诣,更体现了周国彪对学习真实语言的重视。他一贯认为,学语言的重要目的之一是交际,因此学生应该学习真实的英语,在实际生活中使用的英语,而不是仅仅在语法上正确、在交际中不被接受的英语。通过在教学中渗透英汉对比知识,周国彪不但为教学增加了深度,也加深了学生对母语和外语的理解。学生们认识到,"表达的基本单位是句子",因此在英汉转换时应该以句子为单位,而不是以字词为单位。这正好验证了周国彪一再强调的"句子意识"。周国彪的认识,同香港著名翻译家思果先生不谋而合。思果认为:"翻译是译句,不是译字。句是活的,字是死的,字必须用在句中,有了上下文,才具生命。"[1] 有了这种"句子意识"(sentence awareness),学生就不会犯"欧化分子"的错误:"第一,见字不见句;第二,以为英文的任何字都可以在中文中找到同义词;第三,以为把英文句子的每一部分都译过来以后,就等于把那句子译过来了。"[2] 虽然翻译技能并不是高中英语教学的要求,但是周国彪的教学为学生在大学阶段的学习打下了深厚的基础。从某种意义上说,一个人只有在懂得外国的语言之后,才能真正了解本国的语言,一个人也只有在深入了解本国的语言之后,才能真正懂得外国的语言。

对比语言学的知识除了用于词汇和句型的学习以外,对语法学习也有很重要的作用。有些英语语法知识看似简单,但是由于英汉文化背景、思维方式、语言结构的差异,学生掌握起来并不容易。不定冠词"a"就是一个典型的例子。汉语经常有零冠词的情况,所以中国学

---

[1] 余光中. 变通的艺术——思果著《翻译研究》读后 [M]//思果. 翻译研究. 北京:中国对外翻译出版公司, 2001: XI.
[2] 同上。

生很不适应英语里的名词"冠词不离身"的情况。根据《柯林斯英语语法》（Collins Cobuild English Grammar），不定冠词"用来泛指人或事"（used to talk about things or people in an indefinite way）[①]，常用来表示前文没有提到过的事物，或者一类事物，而并不是指数量的"一个"。很多英语老师并没有意识到这一点，在解释"This is a pen. That is a bottle."这样的句子时，就会说：这是一支钢笔，那是一个瓶子。this：这，is：是，a：一个，pen：钢笔。这种解释看起来好像很清楚，但是老师无形当中给学生一个概念，就是英语和汉语是可以——对应的。学生就会误以为，英语中的不定冠词"a"就相当于汉语中的"一个"。后来统考中出了一道翻译题，"这是钢笔，那是瓶子"，结果很多学生写的是："This is pen/bottle."英语中该有的不定冠词a就消失了。学生觉得，老师一直在说，"这是一支钢笔或一个瓶子"，所以才需要"a"；现在的中文里没有"一"，为什么还要用"a"呢？

周国彪在处理不定冠词时，就非常注意用英语的逻辑来解释，而不是从汉语来解释，避免给学生强调"一"的数量概念，他称之为"模糊的教学法"。周国彪告诉学生，在英语中，"a"置于单数可数名词前，表示"类别"（classification），"a pen"就是指"钢笔"这一类书写工具，以区别于铅笔、毛笔或圆珠笔。由于"a"只位于单数名词前，所以学生理解为"一"也可接受。"a pen"强调的"性质"（一类），"one pen"强调的"数量"（一个），本质是不一样的。

国内有研究表明，英汉对比教学可以增加中学生的学习兴趣和学习效果[②]。当然，对比分析法（Contrastive Analysis）不是万能的，英汉语言的差异之处不一定就是学生的学习难点，大多数中学生也没有必要掌握精深的对比语言学理论。但语言对比是增强英语和汉语语法意识的主要途径，这一点是毋庸置疑的。吕叔湘先生说："假如能时时应用这个比较方法，不看文法书也不妨；假如不应用比较的方法，看了

---

① Sinclair J, et al.. Collins Cobuild English Grammar [M]. Glasgow：Harper Collins Publishers，2005：54.
② 徐美兰. 英汉对比分析在中学英语写作教学中的应用研究 [D]. 上海：华东师范大学，2008.

文法书也是徒然。"① 这句话正说明了英汉对比对培养语法意识的重要性。现在，英汉对比语言学已经成为一门独立的学科，正在蓬勃发展。英汉对比知识应该是我国英语教师知识结构的重要组成部分，周国彪的教学实践为广大英语教师树立了榜样。

（六）重视学文化

英语教学改革的一个重要方面是重视文化学习，新版高中英语课程标准已经把"文化意识"列为课程目标的重要组成部分。文化意识的缺失对学生的英语学习、世界观的发展都会产生不良影响。周国彪认为，传统教学对语言系统重构的任务比较重视（当然，其重构方式仍然值得探讨），而对文化的关注不够。语言的形成、发展、变化和使用都无法脱离与其相关的文化。语言既是文化的重要表现形式，又是文化的组成部分，既受到文化的制约又对文化产生影响。二者之间形成一种相互影响、相互依存的密切关系。著名翻译学者奈达（Nida）说："To be bilingual, one has to be bicultural."（欲通语言，必先通文化）。这说明，教英语就是教英美文化。周国彪从20世纪80年代中期起，就重视对文化知识的讲授。他认为，教文化不仅是英语学习的必然要求，也是中学生自身的要求。不管喜不喜欢英语，他们对英美文化都非常感兴趣。要想调动中学生的英语学习积极性，靠那些鼓励小学生的物质奖励手段（例如发贴画和小糖果）是不行的，教师必须满足学生的求知欲，教那些学生想了解的知识。文化学习能提高学生的学习兴趣，特别适合中学生的特点。

各地新出版的高中英语课本都有很多文化学习的内容。北京版的课本里出现了"a car pool"这个词组，周国彪的学生看到以后，心想："什么是'汽车池塘'啊？"觉得没法理解。周国彪告诉学生：

Carpooling, 英语里也叫 car-sharing, ride-sharing, lift-sharing,

---

① 吕叔湘. 中国文法要略 [M]. 北京：商务印书馆，1982：7.

汉语里叫拼车。西方人为了节约能源和费用、避免交通堵塞，几个人合用一辆车，从而减少开车的数量和耗油量。比如，在一些社区里，几家人轮流开车接送儿童上下学和成人上下班。有的国家为了鼓励大家carpool，还在公路上专设了"多载客车辆专用道"。

学生一听解释，恍然大悟。不少人下课以后还在互联网上查找了关于"carpool"的英语资料。

周国彪发现，最近几年的高考已经开始注重对学生文化知识的考查。有一道题考的是对"drugstore"一词的理解。题目里说："Besides my prescriptions, I need some toothpaste, a bar of soap, and some asprin."然后问说话的人身处何处。四个备选答案依次是："At the drugstore, At a doctor's office, At home, At a department store."。很多学生都以为drugstore是指药店，心想：药店里怎么可能卖牙膏和肥皂呢？他们不知道，在美国，drugstore除了经营一些日常保健药品，也卖一些日常用品，包括牙膏、杂志、糖果等，更像个杂货店。因为不理解drugstore的文化内涵，学生按自己对现实生活的理解，最后都误选了第四个选项（百货公司）。Drugstore是学生学过的复合词，大多数学生都知道它是指"药店"，但是美国的药店和中国药店有什么不同，恐怕相当多的学生就不知道了，很多词典也没有相关的提示。这种文化知识就需要教师及时点拨学生。周国彪认为，高中英语词汇层面上体现的语言文化知识还是很多的，教师应该跟学生一一介绍，这是语言老师重要的责任之一。

（七）周氏语言美学

让学生在课堂上欣赏到英语语音的抑扬顿挫之美、英语语法的精密严谨之美、英语词义的丰富多变之美，从而使英语学习更有生气、更有效率。

——周国彪

美国心理学家马斯洛的"需求层次"（hierarchy of needs）理论中，

高层次的"成长需求"中有"美的需求"（aesthetic needs），介于"认知需求"（need to know and understand）和"自我实现需求"（self-actualization）之间①（见下图）。"美的需求"和"认知需求"都是马斯洛在"五层次"说基础上添加的需求层次。国内很多介绍"需求层次"的书籍都只介绍了五个层次，忽略了这两个需求。马斯洛的理论说明，"审美需要"是人的普遍需要。德国诗人席勒说："从感觉的受动状态到思维和意志的能动状态的转变，只有通过审美自由的中间状态才能完成。总之，要使感性的人成为理性的人，除了首先使他成为审美的人，没有其他途径。"② 这段被广泛引用的话说明了美育对人的成长的重要性。

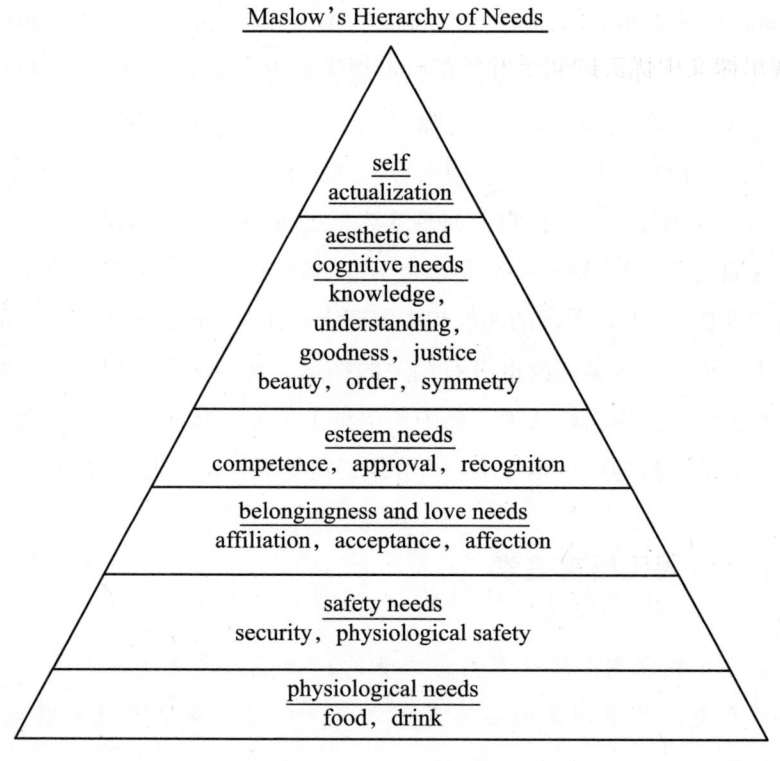

---

① Slavin R E. Educational Psychology: Theory and Practice [M]. Beijing: Pearson Education and Peking University Press, 2004: 332-333.
② 席勒. 美育书简 [M]. 徐恒醇, 译. 北京: 中国文联出版公司, 1984: 116.

语言美是美的重要组成部分。人们对如何在语文课上进行美育已经有了很多探讨，但是英语课上的审美教育却讨论得相对较少。让学生体会到英语之美，能加深学生对英语的理解，让他们从"感觉的受动状态"转变为"思维和意志的能动状态"，也就是从"要我学"转变为"我要学"，激发对英语学习的兴趣。同时，英语审美教育也有利于丰富学生的精神世界，提高他们的审美能力。因此，语言美的教育可以提升英语教学的层次，让语言学习促进学生的全面发展。周国彪始终关注英语语言之美，以独树一帜的美学思想感染了一批又一批学生，对语言教育与美育的结合进行了有益的探索。他把培养学生"跨文化交流中必须具备的感受能力、欣赏能力"与跨文化交际所需的思维能力、判断能力以及语用能力放在同等重要的地位，因为只有这样，才能实现"积极学习，提高素质，发展能力三者的统一"。上课时，他会找出课文中优美的句子和学生一起欣赏，并要求学生背诵这些美文。

1. 英语语音的抑扬顿挫之美

英语是语调语言（intonational language）。英语多音节单词的音节有轻重之分，读起来抑扬顿挫。还有一些专家认为，英语是"重音节拍"（stress-timed）语言，即从一个重读音节到下一个重读音节之间的时长大致相等。两个重音间的非重音数量越多，这些非重音就读得越快越轻。另外，因为双音节词的构造，汉语每隔两个字就会有轻微停顿；而英语句子中的停顿较少，大约每隔 20 个词才有停顿[①]。因此，英语语速张弛有度，富于变化，节奏特点属于"连奏"（legato），听起来行云流水，像歌剧中的旋律一样。

课上，周国彪经常让学生"带感情地朗读课文"，培养他们的语音表现力。课下，周国彪要求学生多听 BBC、VOA 广播节目，听时注意英语的节奏，从而受到纯正英语语音语调的熏陶。周国彪还把背诵和语音相结合，让学生模仿《新概念英语》录音，在检查学生背诵时校正他们的语音。他经常鼓励学生："说英语就是要有'洋腔洋调'，不

[①] 陈桦. 中国学生英语语调模式研究 [M]. 上海：上海外语教育出版社，2008：26.

要觉得声音怪而不好意思。"为了增强学生的语音表现力，周国彪还坚持组织学生排演英语短剧和英语小品，让学生在情境中体会英语的重音和语调。这是一种非常有效的练习英语语音的方法。著名戏剧家曹禺、英若诚都认为学生时代表演英语戏剧的经历为他们的英语语音打下了坚实的基础。曹禺先生在20世纪80年代访美时，已经有30多年没说英语了，但是他一开口，发音仍然非常纯正。他把这归功于上学时参加英语戏剧演出养成的好习惯。周国彪常常以曹禺和英若诚的事例鼓励那些不好意思开口说英语的学生，使很多学生都对英语戏剧表演产生了浓厚的兴趣。后来，英语戏剧表演成了一七一中学的教学特色，中央电视台因此采访了周国彪，并为学生的演出录制了一期节目。

2. 英语语法的精密严谨之美

著名语言学家王力曾经说过一句广为流传的话："就句子的结构而论，西洋语言是法治的，中国语言是人治的。"[①] 也就是说，在句法层面，英语比汉语在外在形式上要显得严谨。连淑能对此有进一步的论述："（汉语的）句子不受严谨的主谓结构的约束，少用或不用关联词语，摆脱形式的束缚……重意合不重形合……语法意义和逻辑联系常隐含在字里行间……（英语）语句拘泥于形式结构，语法呈现显性（explicit），比较刻板，注重以形达意，主要采用形合法。形合法运用形态变化形式和显示逻辑—语法关系的连接词语（logic-grammatical connector），严谨地表达言者想要表达的意思，听者或读者可以尽可能不依靠语境就能理解（low-context），这是'作者责任型'语言。"[②]

周国彪在讲解句子结构时，非常注意让学生体会英语句法的严谨之美。比如，他在介绍"使用非限定性动词代替从句"这一英文写作技巧时，经常说："非限定性动词就像钻石王冠，会让英文句子熠熠生辉，但是这顶王冠一定要戴在句子的'头'上，也就是说，非限定性

[①] 王力. 中国语法理论 [M]//王力. 王力文集：第一卷. 济南：山东教育出版社，1984：35.

[②] 连淑能. 英汉对比研究 [M]. 增订本. 北京：高等教育出版社，2010：77-79.

动词作状语，其主语必须与句子的主语一致。主语就是英文句子的头颅、句子的灵魂。如果非限定动词的主语和句子的主语不一致，就会出现'张冠李戴'的情况"。通过这种形象生动的讲解，学生很快就体会到了英语句法的严谨性，增强了"语法意识"。

3. 英语词义的丰富多变之美

周国彪将英语词义的美感归纳为"一词多性、一性多义、一义多形"。"一词多性"指很多英语词汇都有几种词性，如 record，march，sleep，rank，remark 等词都既是名词又是动词。"一性多义"表现为一个词的同一词性中会有多个词义，如 love 作名词解时，有"亲情、爱情、热爱、爱的对象"等多种意思。更典型的变化是在 have，run，take 这些"万用动词"和 on，in，for 等小品词上，这些词的搭配不同，词义也会千变万化。比如，go on，on duty，turn on 这三个词组中，on 的意思全不一样。"一义多形"指同一个意思，在英语中可以有多种不同的表达方式，但是每个表达法都有细微的差别。比如，最简单的问候："How are you?"同一种回答就有多种表述方式：

——I'm fine.

——I'm well.

——I'm OK.

——I'm all right.

——Not too bad.

——Good.

……

掌握了这些方式，学生就能灵活地运用词汇表达自己，也不会"少见多怪"。周国彪坚持用多种表达法解释英语词汇，让学生体会英语的语义丰富之美。同时，周国彪注意总结高中英语中相近的表达法，例如：

result in, cause, lead to, bring on, bring about...

not only... but also, ... too, as well as, and... as well, also, besides...

want/intend to, be willing to, be eager to, feel like doing, would like to, would rather do...

be on, on duty, on show, on display, on sale, on holiday, on business, on fire, on leave, on strike（其中的 on 意为进行、进展），on 的这一意义同样也反映在 go on, keep on, talk on, walk on 等表达上。

只要接触到其中的一个词，周国彪就会把同类的表达法都提示给学生。上课时，周国彪也经常要学生用不同的表达法回答同一个问题。久而久之，学生在脑子里有了一个小型的英语"词库"和"句型库"，都能用各种方式回答问题。

不难看出，周国彪的英语美学思想其实是从美学的角度归纳了英语语言的特点。在"周氏语言美学"的熏陶下，学生认知的过程，也是审美的过程，审美体验和认知体验融为一体。当学生的学习体验被升华为审美体验之后，学生自然会爱上所学的课程，自觉地以审美的激情去追寻更多的语言审美体验，主动地学习英语，并从美的高度审视自己的语言输出，从而不断提高语言的质量。审美素养是素质教育的重要培养目标，周国彪把外语教育和美育结合起来，对英语教学为学生的全面发展服务开拓了新的思路。

（八）教改心得

从 20 世纪 80 年代中期起，周国彪就一直积极探索英语教学改革的途径，对英语教学的规律进行了多方面的思考。他认为，遵循语言习得规律是搞好英语教学整体改革的关键，英语教师必须以学为本，因学论教，敢于、善于接受并实践新观念、新理论、新方法，才能在教学中有所突破。

本节将为大家呈现周国彪对传统英语教学中的问题、英语学习的过程以及对英语教学改革途径的认识。周国彪认为，由于多种主客观因素的制约，传统英语教学往往只注重"结果"而忽视了"过程"。学生被当作知识的容器，教师被当作知识的搬运工，只要教师把知识"灌给学生"了，教学任务就完成了。教学中，教师见书不见人，教知识不管能力；练习中，学生动嘴不动脑；会话中，学生有语言却不见情感。本来实践性很强的英语教学，实际上成了语言知识课、语法讲授课。学生只是掌握了一些过时的语法知识，英语交际能力低下。很多学生厌恶英语学习，个性得不到发展，学生对英美国家文化知之甚少。英语教学陷入"教师讲，学生记，学生背"的怪圈。造成这种问题的根源在于，英语课的课程目标不清晰，学生的主体地位没有得到尊重。

为了使学生回到教学中的主体位置，教师必须"以学为本，因学论教"。英语教学的出发点是知识，终点是能力，中间经历了一个漫长的技能训练过程。周国彪认为，英语由认知到运用大致经历四个步骤，即：知—能—熟—活。"知"是指学生能够记忆和理解知识；"能"是指学生能够初步将所学知识用于语言交际，但是速度和正确性还有欠缺；"熟"是指学生可以熟练而正确地运用所学知识；"活"是指学生可以将该知识与其他知识结合使用，创造性地表达自己。

在周国彪看来，我们通常所谓的"知识"，就是指由"知"到"能"的过程。单纯的记忆和理解还不能算是掌握知识，只有和"用"结合，才能算是掌握了知识。所谓的"技能"是由"能"到"熟"，即由初步的会到一定熟练程度，这需要操练。语言技能有动作技能的属性，需要不断重复，形成动力定型。同时，语言技能又属于认知技能，是在一定的观念支配下的行为，是语言规则的运用和强化的过程。"能力"则是"熟（练）"与"活（用）"的结合，意味着学生可以自如地让语言的形式为语言的意义服务。为了培养学生的语用能力，周国彪提出了"结构、功能相倚，知、能、熟、活相衔"的教学模式，语言的形式与用法并重，循序渐进地提高学生的英语水平。

为了适应新世纪国家课程标准的要求，周国彪提出了英语教学改革的具体对策：课堂英语化、教学语境化、思维丰富化、方法多样化、评价开放化。

1. 课堂英语化

课堂英语化就是指教师与学生、学生与学生在课堂内尽量用英语进行交际，如教师的课堂指令，教师对学生的评价、反馈，学生合作完成交际任务等。换言之，就是通过英语教英语，通过英语学英语。英语教学的课堂是学生从事英语实践活动的最自然的语言环境。英语教学应充分利用课堂这个自然语言交际情境，用英语上课。但是教师的英语应和一般的日常用语有所不同，必须是学生"可理解的语言输入"。教师的特种语言应该有以下特点：语句长度较短，语法结构简单，少用抽象偏僻的词，而且发音清晰。它能促使英语课堂上"有意识"学习和"无意识"学习的有机交融，取得事半功倍的良好效果。教师应注重课堂语言知识用语、课堂教学组织用语、课堂行为情境用语三个方面，为用英语组织课堂教学活动做好周密的策划。通过营造英语氛围，教师能激励学生用英语思维、用英语交流，用已知的英语作为工具去学习新的英语知识和技能。

2. 教学语境化

语境是言语交际依赖的环境，也就是具体语言形式出现的环境。狭义的语境指的是"上下文"，即话语语境；广义的语境包括话语语境、情境语境、文化语境、认知语境等方面。语境对语言的意义有制约作用。英国著名语言学家弗斯（Firth, J. R.）有两句名言："Each word, when used in a new context, is a new word."（新境造新词。）"You shall know a word by the company it keeps."（欲知词义，先看词伴。）这两句话都说明了语境的重要作用。周国彪由此认为，只有在具体语境中呈现和实践语言形式，才能培养学生对语言形式的得体性及可接受性做出判断的能力，以及结合语境理解语言形式与意义的能力。

不同的语境对英语教学有不同的意义。

话语语境对英语阅读和词汇教学有重要的作用。周国彪积极推行的"词不离句、句不离篇"的语言教学观就是对句际语境和语篇语境的重视。他指出，在讲解课文时，教师应该尝试采用"自上而下"的模式，先从整篇课文出发，分析全篇主旨与写作背景，剖析文章结构，赏析写作技巧，然后再研读作者的修辞及选词，与学生自己的写作用词相对比，从而提高其阅读欣赏水平和写作水平。在词汇学习中，教师应该注意词汇出现的语境，让学生从句子中体会词汇的意义和用法。

情境语境是教学设计中必须考虑的因素。英语教学应该把教学重点放在情境语境的创设和研究上。情境语境包括直观情境、模拟情境、生活情境、故事情境等。教师在教学中让学生在这些情境中通过大量的视、听、说活动来感受、理解所学语言形式，以情境引路，以情激听，以境促解，化难为易，让学生走出课本，步入生活，引导学生真正体验语言形式和意义。例如，教师创设在4S店中汽车销售员与顾客的对话情境："'If your car should need any attention during the first two years, take it to an authorized dealer.' the tradesman said to the customer."用了虚拟条件句，生动直观地反映了销售员对所销售汽车质量的自信。

文化语境在英语教学中同样不可或缺。语言是文化的载体，文化语境与词汇意义、词汇习得有着不可分割的关系。由于历史和地理环境的不同、文化渊源和语言结构形式的差异，以英语为母语的民族和以汉语为母语的中华民族有着各自不同的思维方式、行为方式和语言表达及理解方式。这种文化差异经常体现在成语和熟语上。在表达同样的意思时，英语和汉语会使用不同的"文化形象"。例如，汉语里的"气壮如牛"，在英语里就变成了"as strong as a horse"。汉语里的"说曹操，曹操就到"，英语里则变成了"Speak of angels, and you'll hear their wings"。教师要充分利用一切可用的教学手段，创造文化语言环境，使学生体验到英美文化的氛围，并通过英汉两种文化的比较，加强文化教学，从课文中寻找有关文化背景知识和信息，并注重介绍英语词汇的文化意义。

认知语境是由学生的认知水平相关因素形成的语境。它与学生的知识背景、认知水平、心理能力、评判能力、审美能力等有着密切的关系。教师应该精心组织和安排教学内容，以满足学生寻求知识的心理需要，并通过认真钻研教材，不断创造新情境，把各种能听、能看、能触摸的情境放到英语课堂教学中去，同时适当增加内容，扩大知识面，注意新旧知识的串联，做到以旧引新、以新温旧。

3. 思维丰富化

语言是思维的重要载体和工具。语言交际需要各种思维能力和应变能力。学生的视野若只停留在语言表层上，一味模仿和重复，接触不到思维的内涵和实质，语言就丧失了作为思维工具的根本属性。很久以来，人们对英语学习存在一种偏见，以为学英语就是背诵和模仿，英语同数理化等其他学科比起来，似乎"低人一等"。其实背诵和模仿只是英语学习的一部分，正如其他学科也有需要记忆和模仿的内容一样。越来越多的教育工作者认识到，由于语言与思维的密切联系，英语学习也应该为培养学生的思维能力服务。中学生好奇心强、求知欲高，又富于联想，能够初步做到从不同的角度去思考问题。这些正是创造思维的品质，也正是学习英语的优势。教师通过创造英语交际情境，使学生身临其境，鼓励学生大胆思考、充分想象，灵活运用知识表达思想，对学生有意识地进行思维的培养和训练，那么，学生学习英语的能力和思维能力就会齐头并进。

周国彪提出了通过英语教学丰富学生思维能力的四个途径。

第一，通过形象思维，开展词汇教学。教师可以充分利用构词法，从词语的读音、拼写、译文、释义、词类、搭配、辨异、比较、联想和运用等方面开拓学生思维，挖掘学生记忆潜能，力求词的意义具体化。举个例子，"have a word with somebody"和"have words with somebody"，这两个短语的用词和结构非常接近，意思却相差千里，"have a word with somebody"（和某人商量），"have words with somebody"（和某人吵架），如何去区分它们呢？死记硬背的效果不好，因为学生往往记混。周国彪让学生想象了一下吵架的情境：两个人唾沫横飞，喋喋不休，话语源源不断从他们嘴里冒出。这就是"words"，而不是"a word"。这样就能清楚这两个短语的区别了。有的学生在拼"university"（大学）这个单词的时候，常把这个单词拼为"univercity"。为了让学生记住这个单词，周国彪告诉学生："A university is not a city."学生想到大学和城市这两个形象后，就记住了"大学"一词的正确拼写。再例如，在讲授重读闭音节时，概念比较抽象，周国彪就给学生打了个比喻，把重读闭音节单词称为"sandwich words"，把辅音字母比作三明治的上下两片面包，中间的元音字母比作面包中间夹的肉馅。这样，学生就能直观、清楚地了解重读闭音节的特点了。

第二，通过发散思维，开展句型教学。发散思维又称辐射思维、放射思维、扩散思维或求异思维，是指对同一个问题，沿着不同的方向去思考，思路朝各种可能的方向扩散，从不同角度、不同侧面对所给信息或条件加以重新组合，横向拓展思路。教学中常用的"头脑风暴"（brainstorming）就是基于发散性思维的活动。教师应该充分利用英语交际中的一句多形、一义多词、一词多义的多途径表达法，既要鼓励学生用不同的词汇替换练习同一句型，又要激励学生用不同的句型表达同一意思，使静态的文字变成活泼的交际，使学生在语言行为中学语法，在创设语言环境中运用语言。在学单词 internet 时，为了帮助学生更好地理解词义及用法，周国彪让学生开展扩词成句的训练活动。他让学生借助词典和互联网，找出和使用互联网相关的表达法，并用完整的句子描述自己的上网活动。学生由孤立的单词 the Internet 出发，过渡到 browse/access/log onto/surf the Internet，再扩展到"I browse the Internet."，乃至"I often browse the Internet at the weekends."。这样，学生不仅学习了词汇的搭配（和互联网相关的动词），而且由孤立地学单词自然地过渡到了学句子。又如，在理解贴在某工厂车间门上的标语"Where there is smoke, there is fired."时，周国彪帮助学生从熟悉的英语谚语"Where there is smoke, there is fire."的结构和意义出发，结合具体情境，去思考和体会 there is fire 与 there is fired 的区别。由此，学生领悟到句子的一点微妙变动竟能导致整个意义的更新，句意由"无风不起浪"变为"吸烟者定遭解雇"。这样既调动了学生的思维积极性，又提升了语言的趣味性。

第三，通过创造思维，开展课文整体教学。创造思维训练是指教师根据创造思维的特性，对学生进行有计划有步骤的思维训练，逐步培养学生的创造思维品质，为学生成为创造性人才打好基础。教师充分利用课文提供的信息，不仅讨论文章细节，培养学生的注意、观察、记忆等能力，而且采取自由会话法，就文章的中心思想、作者的观点和态度、人物的性格、文中暗含的意义进行师生问答和讨论，学生自问自答、互问互答，培养学生通过已有知识进行创造思维的能力。周国彪常用以下方法培养学生的创造思维能力：

(1) 设计情境、自由对话

学完一个对话后，除了让学生扮演外，还让学生设计新情境、编一个新对话，激发学生的学习兴趣和创造激情。通过这种训练，学生逐渐从背诵和模仿过渡到运用语言和想象力，从而激发学生的创造性思维。

(2) 看图说话、口头作文

看图说话不仅能巩固所学的语言知识，还能训练学生的想象力和语言表达能力。虽然这是一种常见的教学活动，但是有些老师的做法并不利于培养学生的创造思维能力。他们规定，学生必须使用某些词汇，必须按照某种思路来讲解画面，否则就要扣分，不允许学生越雷池一步。周国彪特别反对这种做法。他说："图是死的，但人是活的。学生对画面的理解和我们不一样，这是很正常的事。"

(3) 故事接龙、故事续尾

学生相互衔接地讲故事，前一个学生所讲内容是后一个学生所讲内容的基础，后一个学生所讲内容是对前一个学生所讲内容的延续和发展；或者给已有的故事添加结尾，以延伸故事情节。在教学中，教师可以向学生提出问题，要求学生根据课文内容，充分发挥想象力，进行推测性补充。

第四，通过批判性思维，展开阅读教学。周国彪认为，批判性思维就是"对思考的思考"，是对他人想法的尊重和进一步探索。英语教师应让学生明白，他们读到的东西不是绝对真理，只代表作者的一家之言，学生有权利对其提出质疑。通过不断提问，学生逐渐会产生自己的新观点。因此，教师应该鼓励学生提出问题。即使是教师提问，问题也要涵盖不同层面。教师不能只满足于让学生给出肯定与否定的答案（如判断对错题，true/false questions），还要多问让学生说理的问题（如，What do you think...？If you were...what would you do?）。教师不仅要问微观的、句子层次的问题，还要提出宏观的、涉及整个语篇的问题。而无论是哪个层面，教师的问题都应起到使学生独立思考的作用。另外，周国彪还经常让学生写读书笔记。让他们在读一篇文章时，边读边记下自己头脑中的疑问和对作者以及文中人物的评价等。

由此可见，对于学生而言，英语教学不仅是一种语言的学习，更是一种思维上的拓展训练。为了激发学生思考，教师在教学中要做好激发学生好奇心和求知欲的设计，创建能够激励学生思考的平台，给学生更多的主动探索的机会。同时，做好应变的充分准备，能够给学生及时、恰当的引导和评价，不任意下结论，不武断判定优劣。教师要尊重、爱护、理解、支持学生在思维方面的多样性和差异性。

4. 方法多样化

学生是学习的主人、教学的主体。一切语言形式的传授都要靠学生去理解、消化和吸收，一切能力的培养要靠学生去实践和掌握。周国彪认为，英语教学的关键在于激发学生主体参与的积极性。而要激发学生的积极性，搞活英语教学，就必须以教法的多样化为前提。多样化的教学方法不是单纯的"拳不离手、曲不离口"，更不是单纯活跃课堂的调味品。方法的多样和多变应以教学目的、教材特点和学生的年龄特征为依据，是听、说、读、写活动的具体化。多种形式必须"多而不乱、多而有效"，以吸引学生的注意力，提高学生学习英语的兴趣。上英语课就好像是演一台戏，教师必须是成功的导演，要绞尽脑汁，不断变换操练形式，动用多种感官参与听、说、读、写能力的训练活动，让学生进入真正的学习角色，使他们蕴藏的潜能得到充分发挥，使他们在课堂上始终处于兴奋状态而又充满灵感。一节好的英语课，应该能让学生感到，他们不仅是在欣赏老师，更是在欣赏同学和自己；不仅是在欣赏人，还是在欣赏英语的语音语调之美、语法严谨之美、词义丰富之美。多样而又恰当的方法能使英语学习更有生气、更有效率，最终激发学生能动性地学习、创造性地学习。

5. 评价开放化

运用好评价对提高教育质量起着至关重要的作用。对学生学习的评价实质上是对学生学习的有效结果和发展潜能所进行的整体价值判断。这种评价应该客观、准确地反映学生的学习状况，反映英语学习的本质和过程，并有利于满足学生发展的需要。根据评价在教学过程中的这种作用和功能，教师不仅要重视反映学生学习结果的终结性评价（如期末考试、中考、会考、高考等），更应重视体现学生语言学习过程的形成性评价，不仅注重对语言知识和语言能力的考查，更要注重对学生情感、文化意识以及综合素质的考查。教学评价应该有利于促进教学目标的实现，具有为学生发展服务的功能。

因此，教师应逐步转变角色，从"考官"逐渐转变为与学生合作共同完成评价的"合作者"，引导学生自主完成某些学习任务，让学生在学习过程中，在与他人合作过程中体验成功和收获，并依据在学习过程中的参与意识和参与程度、在与他人合作中的态度、对异国文化的理解和跨文化交际的意识，做出自我评价和相互评价。教师则通过多种渠道收集、综合、分析学生学习过程中的信息，了解学生的知识、能力、兴趣和需求，着眼于学生潜力的发展，做出教师评价。这种强调过程的评价培养了学生对英语学习的浓厚兴趣，增强了他们的学习动机，提高了自我学习的能力，从而实现自主学习和自主发展，同时也促使教师全面、深入和细致地总结课程、教材、教法等各方面的经验和教训，进而找出改进教学方法与提高教学质量的途径。

综上所述，周国彪对英语教学改革有深刻的认识，也积累了丰富的经验。他对英语教改的整体认识可以用他自己的一段话来总结：

21世纪的英语教学必须是科学的、现代化的英语素质教育。英语新课程重视知识的理解和掌握，更重视学生智力和个性的开发，其主要目标是培养学生在国际化、信息化社会中获取信息和处理信息的能力。因此，教学要突出以人为本的教育思想，突出语言的实践性，充分兼顾学习主体与学习客体在相互作用时所形成的语言维度、心理维度、文化维度，促使学生语言知识的学习和能力的培养相统一、语言教育与思想感情教育相统一、语言智力开发与语言智能培养相统一，最终实现"教语言、教文化、教育人"的综合统一。作为外语教育工作者，我们要为之探索，为之奋斗。

二、教学思想实践：卓有成效的教学方法

周国彪积累了四十余年的教学经验，有很多独具特色而又卓有成效的教学方法。本部分将从词汇、句子、语法、教学设计、课堂教学等各方面总结周国彪的教学经验。

（一）如何教词汇

不怕记不住，就怕不接触。

——周国彪

对于很多学生来说，英语学习的首要问题就是词汇问题。课程改革以后，每单元的词汇量加大，基础差的学生常觉得被淹没在生词的海洋里，透不过气来。如何记住单词，成了这些学生的心病。因为不喜欢背单词，很多学生不喜欢学英语。所以对英语教师而言，单词教学不仅涉及学习策略，更涉及学习情感。

周国彪词汇教学的基本策略，就是词不离句。他反对学生背单词表，而是要求学生把单词放在具体的语境中学习，让学生在不同的语境中多接触单词、多背句子。此外，周国彪非常注意词汇解释的多样性。他认为，词汇学习需要注意词类、搭配、辨异、比较、联想、运用、练中学及学中练等多个方面。

1. 用英语解释英语

学单词的第一步就是要了解单词的意义。很多学生直接背单词的汉语解释，结果总是按照中文来理解英文。有些老师直接给出英英词典中的定义，结果基础较差的学生根本不能理解单词的意思。根据英语课程标准的要求，初三毕业生（五级）的词汇量应在 1500~1600 之间，高三毕业生（八级）的词汇量应在 3000 左右。而常见的高级英语学习词典的英文解释词汇量在 2000~3000 之间。因此，大部分高中学生在阅读词典的英文解释时会遇到一定的困难。周国彪采用变通策略，即用学生理解的英语去解释、讲解、实践新词汇。周国彪说："老师的本事就是能用最常见、最有限的一些词语来解释生词。课堂上要用 popular language，不要打官腔，把字典里的语言搬上来。如果照搬词典，学生听了还是不懂，就像听天书一样。所以还不如用非常通俗的语言来解释，哪怕不够精确。单词学习的第一步是理解，这是最重要的。学生在初步理解的基础上，对单词的认识可以逐渐加深。我始终认为要给学生一个认识过程。"下面的案例就为我们生动地展示了周国彪在这方面是如何做的。

有一个学生问周国彪："有的词典说 enjoy 的意思是'喜欢'，有的词典说是'爱好'，还有的词典说是'享受'、'欣赏'。enjoy 这个词的意思到底是什么呀？"周国彪说："这个词是由 en + joy 构成，想必与 joy 有关，这个词的意思你要在语境里去体验。可口可乐公司的广告是世界上最成功的广告之一。它在可乐瓶上的广告词通常却只有一个词：enjoy。你拿可乐瓶子去看，'enjoy'就印在'Coca Cola'两个词的上边。一个词为什么能作宣传呢？因为这个词的内涵很丰富，你刚才说的都有道理。enjoy 就是 like，就是 love，也就是你说的'喜欢、享受、爱好'这些意思。为什么呢？是因为你能够从中得到乐趣（You'll get joy from it.），'enjoy'这个词里面不就是有'joy'吗？可口可乐公司抓住了这个词的核心，因为它相信你喝完它的产品肯定是一种 joy，你能获得乐趣，所以你喜欢它，你爱好它。'I enjoy playing tennis.'你把它理解为'我喜欢打网球'、'我爱好打网球'都可以，关键是要把握 enjoy 的核心意义，就是'获得乐趣'。"学生听了以后，豁然开朗，终于体会到了 enjoy 的意思。

enjoy 是非常简单的一个词，为什么还有学生不理解？这是因为学生已经习惯于把英语和汉语词汇一一对等，当汉语出现多种翻译时，学生就糊涂了。困扰学生已久的一个单词，为什么周国彪三言两语能讲明白呢？他讲解的诀窍有以下几点：①创设情境。可口可乐是学生非常熟悉的饮料，可乐瓶为学生提供了使用 enjoy 的具体场景，把抽象的单词具象化了。②通过词语构成分析，提示学生 enjoy 与名词 joy 的联系。学生知道 joy 有"快乐、喜悦、乐趣"等含义，由 joy 这个名词出发，很容易体会到 enjoy 这个动词的核心意义。③提供语境，通过例句让学生了解单词的意义。

2. 注意正本清源

合成、派生和转化是英语单词的三种主要构成方式。转化词只是词性的变化，拼写不变，学生容易理解。合成词和派生词由单词和单词或者单词和词缀组合而成，新单词的词义往往是由其"构件"的意义决定的。学生在学习合成词和派生词时，有时会忽视单词的构件，从而忽略词汇的深层含义。周国彪在解释词义时，非常注意"正本清源"，即从词源（etymology）的角度解释合成词和派生词的意义。

比如说 another 这个词。有的老师只告诉学生，another 后面必须加单数可数名词，或数量词加复数可数名词，却不告诉学生为什么要这么用。结果学生只能死记硬背，一遇到相近的表达法（如 the other, others 等），就又糊涂了。

周国彪从 another 这个词的词源入手，一针见血地指出："another 本来是两个词，一个是不定冠词 an，另一个是 other。another 实质上是 an other 的合写。"因为 an 是不定冠词，所以 another 只能和可数名词搭配，不能和不可数名词搭配。这些名词可以是单数形式，也可以是表示单数概念的复数名词词组。比如,"We've still got another (= a further) forty miles to go.",这句话的意思就是说我们已经走了40英里了,但是还得再走40英里,这里说话者是把 forty miles 当作一个整体概念。明白了其中的道理以后,学生在使用 another 时就不再死记硬背了。

3. 细心区分词义

中学生的英语自学能力有限,对英语词汇的感知绝大部分来自老师的讲解。在这种情况下,英语教师呈现词汇意义的方式就显得尤为重要。如果教师解释不清,学生就很容易犯错误。周国彪在听课中就发现了这个问题:

> this 和 that 几乎是英语里最简单的单词了,但是很多老师都没有把这两个词的区别讲清楚。很多老师一只手拿起书,说:"This is a book."然后另一只手拿起瓶子,又说:"That is a bottle."老师说一句,学生跟着说一句。结果这样一来,有的学生误以为"左手是这,右手是那"。老师没有感觉到,还让学生反复模仿。学生都会了,背得很熟练,但实际应用就糟了。所以这位老师就没有解决语言的根本应用问题。别看 this 和 that 这两个很简单的词,学生说得再熟他也不理解,不能恰当地用于交流。this 和 that 的区别其实在于表示的空间距离的不同。如果把东西放得一近一远,学生的概念就建立起来了。

根据《牛津高阶英语学习词典(第六版)》,"this"用来表示离说话人相对较近的人或物(used to refer to a particular person, thing or event that is close to you, especially compared with another),"that"则指的是离说话人相对较远的人或物(used for referring to a person or thing that is not near the speaker or as near to the speaker as another)。这个案例说明,看似简单的词汇,其实并不好教。很多老师因为并没有意识到词汇之间的细微差别,以为很好教,学生都懂了,都会说了,但是学生并不能正确地用语言进行交流。所以这就是当老师要解决的一个问题:有个比较厚实的语言专业素质基础以后,还要在教学上面去琢磨,怎么能够把讲授的课程变成学生领会的课程,让学生能够用学到的语言正确地去交流。所以,怎么让学生建立起正确的概念,让他正确地去表情达意,是老师要考虑的。又如,学生理解和运用 take,bring,fetch,carry 常感到迷茫、混淆,其实它们属同一概念,均为方位动词,用图示便可解决:

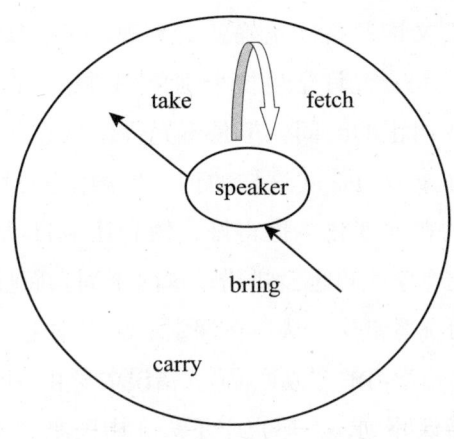

这四个动词属方向类动词,以说话者为中心,离开说话者的为 take,接近说话者方向的是 bring;离开说话者然后再回来的是 fetch(= go and bring);carry 是中性动词,无方向性,意义最为宽泛:携带、拿、提、背、夹、扛、搬运……

4. 词不离句

周国彪最反对学生背词汇表,因为这样至少有三个坏处:①学习过程枯燥,直接影响学生的学习情感。②学生误以为英语单词和汉语词汇之间存在一一对应关系,会在头脑里形成汉语中介,依赖翻译才能说英语。③脱离语境,记忆效果差。所以周国彪倡导"词不离句",让学生多背句子,多听、多读,多在鲜活的语境中和单词接触,"熟能生记"(熟悉之后,单词就记住了)。听写时,周国彪也是听写句子的时候居多。因为这样既背了词汇,又背了词汇的用法,一举两得。有的学生对周国彪抱怨说,我总也记不住单词,老是忘,怎么办哪?周国彪说:"你忘掉的单词不是真忘，因为在脑子里面你已经有印象了。如果下一次再见到它们，你的记忆就深多了。"很多学生都知道周国彪的名言："词汇要大量地记，大量地忘"；"不怕记不住，就怕不接触"。

其实，在背单词的问题上，周国彪也走过一段认识历程。年轻的时候，他也罚过学生背单词。后来他发现效果不好，因为学生出现了厌倦情绪，影响了学习积极性。既然学生写汉字时都难免出错，那么要求他们把每个英文词都拼写正确就太不现实了。所以周国彪在单词拼写上的"政策"是：允许学生把个别单词拼错，保护他们的学习积极性，给他们自我纠正的时间，但是不允许学生在句子结构上出大毛病。有个学生写了 goed/taked 这样的词，周国彪并没有批评他，反而肯定他对过去式的普通变化掌握得好，然后让他自己把正确的过去式写出来。后来，这个学生再也没拼错过这两个词。而且，周国彪总是在下课后纠正学生的拼写错误，从不在课堂上纠正学生，目的就是保护学生的自尊心。出错是学习的"副产品"。错误本身并不可怕，可怕的是重复犯错，或者被错误吓到，不愿再学下去。周国彪"允许学生犯错误"的态度，给了学生宽松的学习氛围，让学生能充满信心地学下去。

"词不离句"是周国彪英语词汇教学方法的核心。英语单词由一个个字母拼写而成，单词的意义和用法在句子中才能体现出来。从某种意义上讲，单词学习应该以字母始，以句子终。周国彪在词汇教学中关注句子，就是关注单词的意义和用法，正体现了"语言是交流工具"的思想。有研究表明，学生最不喜欢通过死记硬背学单词，而比较接受在上下文中记单词和通过旧单词来记新单词这两种词汇学习方法。在上下文语境中学习单词被证明是较为有效的学习策略，而死记硬背则效率最低。好学生比差学生更善于运用多种词汇学习策略，差学生比好学生更经常地运用机械记忆[1]。这项研究为周国彪的教学方法提供了强有力的支持。

为了应付高考词汇量大的压力，很多老师都花很多时间，专门给

---

[1] 吴霞，王蔷. 非英语专业本科学生词汇学习策略[J]. 外语教学与研究，1998（1）：53-57.

学生讲英语中常见的词根词缀。周国彪虽然也讲构词法的知识，但他仍然贯彻了"词不离句"的理念。如果一节课专讲构词法，那么教师还是把重点放在词本身上了。所以周国彪不专门讲构词法，而是分散在各节课中，在具体的句子语境当中讲解。当他看到构词法的现象，就拿出几分钟时间来，对这个现象做一个交代，然后适当地给出一些其他的例子。以后见到类似的词根词缀，周国彪还会再提示一下。

（二）如何教句子

重视语言知识的学习和实践，注重英语句子的结构和意义，牢牢确立句子意识（sentence awareness）。重视句子的变化，真正做到"词不离句，句不离文"……始终立足句子，在确保句子写对的基础上，注意句子形式的变化，注重语句间的连贯，尽量减少汉式英语。

——周国彪

周国彪认为，句子应该是英语教学的基本单位，学生必须建立句子意识。前面已经说过，周国彪把高中英语句法知识归纳为"三足鼎立"：即简单句、复合句和非限定动词。在这里，我们来深入地看一看周国彪对简单句和复合句的处理方法。

1. 关注简单句的基本句型

在英语简单句的五种基本句型中，SVOC（主语+动词+宾语+宾语补足语）是较难掌握而又很有用的句型。说它难，一是因为和一般的单宾语动词和不及物动词相比，能加宾语补足语的动词数量有限；二是因为 SVOC 有四个成分，结构相对复杂；三是因为宾语补足语（complement）可以有多种形式，可以是名词、形容词、副词、-ing 形式、-ed 形式、to do 形式，还可以是介词短语。说它有用，是因为这个结构同时包含了对主语和宾语的说明，是 make，keep，leave，find，see，ask 等常见动词的惯用法。

周国彪对 SVOC 的讲解是一个逐步深入的过程，渗透在高一、高二的各个学期中。他先从其中最主要的感官动词入手，比如 see/hear sb. do sth.；接着介绍不定式做宾语补足语的动词，如 ask sb. to do；然后再讲解-ing 分词和-ed 分词作宾语补足语的情况。对于适用于这个句型的动词，周国彪按照动词出现的频率和宾语补足语的特征做了分类：

①make，have（get）

②let，see（watch，observe，notice），hear

③leave，keep，cut，tear，pull，push

④name，elect，call，appoint

⑤think，consider，feel，find

⑥dye，paint

⑦want，ask，tell，permit，allow，expect，wish…

make 和 have 属于"万用动词"，可以和多种词语搭配，表达很多意思，所以要排在第一位。第③组的 leave 和 keep 等动词一般与描述状态有关。第④组动词的宾语补足语通常是名词。第⑤组的动词表示意见，宾语补足语常为不定式或形容词。第⑥组的宾语补足语多为颜色，第⑦组动词表示意愿，可以用不定式或形容词作宾语补足语。通过这种归纳，学生既能不断地复习学过的动词用法，又能逐渐发现："用法相近的动词，意义也往往相近"①——这是英国著名语言学家 John Sinclair 多年研究英语语料库的心得。

在所有的 SVOC 句型的动词中，周国彪认为 make 最有用。教师可以用 make 解释生词，比如，ensure 可以解释为 make…sure，widen 可以解释为 make sth. wide。这样一来可以保证用英语解释英语，二来可以向学生示范 make 的用法。听得多了，学生可以用 make 弥补动词词汇量的不足。一些学生虽然词汇量小，但是用 make 的 SVOC 结构就可以表达很多意思。周国彪认为，make 和 have 等简单动词的 SVOC 句型是学生应该学到的一种交际技巧。have 常见的宾语补足语是三种非限定动词，(to) do 形式、-ing 形式、-ed 形式，在日常交际中用途很广。如：

---

① Sinclair J. 柯林斯 COBUILD 英语语法句型 1：动词 [M]．上海：上海外语教育出版社，2000：iv．

思想：以人为本、以学为本、因学论教、教学做合一

If you wait, I'll have someone collect it for you. （如果你等一下，我会让人拿给你。）

He had his audiences listening attentively. （他让听众听得入神。）

She's had her wallet taken. （她的钱包被人拿走了。）

They're going to have their house painted. （他们准备把房子粉刷一下。）

2. 句子的组合——"化句为词"

为了便于学生理解，周国彪把复合句称为"句子的组合"。复合句最常见的问题之一就是分句间标点符号的使用。英语语法要求，分句间必须用连词或者分号连接，不能直接用逗号。但是许多中学生甚至大学生都常犯这样的错误：在没有连词的情况下直接用逗号连接两个分句。为了让学生正确理解这个规则，周国彪是这样讲的："同学们都知道，两个单句就要有两个句号，对吧？复合句里有两个单句，但是只能有一个句号，这是因为复合句是一个整体。要减掉一个句号，就必须加上一个引导词，必须通过'中介'把两个句子连在一起。"这种浅近的解释方法，让学生能够很快理解关联词在复合句中的重要性。

复合句教学中的另一个问题就是如何帮助学生理解不同种类的从句。由于种种原因，现在很多学生都分不清句子成分，要他们去理解主语从句、状语从句、定语从句、宾语从句和同位语从句实在是很有难度的事情。周国彪的讲解方法是讨论如何"化句为词"，即以从句的属性为切入点，讲名词性从句（包含主语、补语、宾语、同位语从句）、形容词性从句（即定语从句）、副词性从句（即状语从句）。"化句为词"是理解从句意义的关键。从句在复合句中只起到"词"的作用，这就体现了从句的"从属"地位。同时，既然从句相当于词，那么学生就要从整个复合句的高度来把握主句和从句的关系。这种处理方式使学生意识到，虽然从句可能很长，但是它们在复合句中的作用和单词在简单句中的作用是一样的。这样一来，学生的认知难度就降低了。

"化句为词"必须要有中介帮忙。周国彪说，中介不同，句子换成的词性也不同。他把名词性从句的连词分为三类中介：第一类是 that；

第二类是 whether；第三类是各类疑问词。如何选择取决于原来句子的性质：把陈述句改名词用 that，把疑问句改名词用 whether，把特殊疑问句改名词就用疑问词本身。

周国彪在教学中发现，疑问词引导的名词从句中，学生往往不能很好地理解 what 引导的从句。以前，学生经常接触的是 what 引导的疑问句，现在他们要面临从疑问句到名词性从句的转换。有的学生不适应这种变化，仍然把 what 引导的从句理解为"什么"。周国彪告诉这些学生："其实，what 当名词从句的中介用的时候，就相当于中文的'白勺''的'。'I was shocked by what he said.'这句话，就应该理解为'我被他说的话吓了一跳'。"

对于形容词性从句，周国彪认为先要让学生理解从句和被修饰的名词之间的关系。从形式上讲，"中介"（引导词）则是被修饰名词在从句中的"替身"；从意义上讲，被修饰的名词是形容词性从句的一部分。比如，在"The man who came into the room was small and slender."（走进屋里的男人又小又瘦）一句中，引导词 who 在形式上代替 man 在从句中作主语名词，man 在意义上是 who 引导的关系从句的主语。

在讲如何选择形容词性从句的引导词时，周国彪会讲一下句子的基本成分，因为被修饰名词在从句中充当的成分是选择从句引导词的依据。他把引导词分为四类：

①被修饰的名词在即将变成形容词的从句里当主语和宾语，所能选择的中介有 who，whom，which，that；

②如果被修饰的名词在从句里还作定语，那就只能用 whose；

③如果被修饰的这个名词在从句里作地点状语、时间状语和原因状语的，用 where，when，why；

④如果被修饰的是一个句子，则需用 which 或 as。

周国彪认为，学生接触最早、最容易理解的从句就是副词性从句（状语从句）。副词性从句在复合句中的作用，通过引导词就能看出来，每个引导词都有鲜明的个性特征。比如：

①Of time：

when, while, as, after, before, as soon as, until/till, since, once, by the time

②Of condition:

if, unless (=if not), so/as long as, on condition (that), suppose (that), supposing (that), provided (that), providing (that)

③Of reason:

because, since, as, now (that)

④Of concession:

though, although, even if, even though

however (no matter how), whatever (no matter what), whenever (no matter when), wherever (no matter where), whoever (no matter who)...

⑤Of place:

where, wherever

⑥Of purpose:

in order that, so that, lest, for fear that

⑦Of result:

so...that, so that

⑧Of manner:

as, as if, as though

⑨Of comparison:

as...as; ...than...; the more...the more...

其中，表示时间概念的副词从句的引导词又可以分为以下几类，通过这种分类，学生可以学会用不同的引导词来表示时间：

①表示重复的事件：when, whenever, each/every time, the last/next/third time

②表示伴随的事件：while, when, as

③表示先后发生的事件：before, after

④表示几乎同步发生的事件：once, as soon as (the moment, the minute, the second, the instant, immediately), hardly...when/before, no sooner...than

⑤表示起始、终结的事件：since，until/till

理解状语从句的意义不难，灵活使用各类引导词才是真正的挑战。周国彪把同类引导词叫作"中介的变异"。例如，表示"几乎同步发生的事件"的引导词的难度是不一样的。as soon as 是学生在初中就接触到的表达法，而 immediately 则是高中新学的。immediately 引导的从句放在主句的后面时，学生经常误以为这个词是副词，而不是连词。按照周国彪的看法，as soon as 是会考的水平，immediately 是高考的水平。因此，除了讲解基本意思以外，教师还需要讲解不同引导词的用法，以便加深学生的理解。像 hardly...when/before，no sooner...than 这两个用于正式文体的结构，第一个引导词后面要求动词倒装，这种特别的用法都需要教师交代清楚。只要教师不断给学生总结各类状语从句的引导词，注意"一义多形"，学生应该能用好各种状语从句。另外，有些引导词可以表示不同的意义，例如 as，既可以说明原因，也可以说明时间，还可以说明方式。周国彪形象地称之为"串行中介"，要学生特别注意。

在学习各类从句的过程中，周国彪始终强调从句的两大共性：第一，要有引导词；第二，从句内部的语序肯定是陈述句语序。他认为这是从句的基本特点，是学习的基础。至于各类引导词，周国彪一直坚持循序渐进，随着学生阅读量的增加和词汇量的积累，慢慢地让学生加深对从句的理解，因为"如果把所有的东西全给学生，最后他可能一股脑地全忘掉了"。

从句法结构来讲，除了简单句和复合句以外，还有陈述句的转换（否定句，疑问句，带疑问词的疑问句，带 any 或 or 的疑问句、反问句、祈使句、感叹句），以及特殊句型（倒装句、强调句、省略句）等。教师需要通过反复的句型操练才能让学生熟练使用各种句型。周国彪认为，句型转换的过程不一定就是机械的，教师也要创造有意义的英语情境，让学生在情境下操练句型结构。常见的融合着情境的操练方式有重复（repetition）、替代（replacement）、转述（restatement）、完成句子（completion）、扩句（expansion）、缩句（contraction）、句型转换（transformation）、句子合并（integration）、看图说话（picture telling）等。周国彪经常引导学生做替代练习，换人称、换时间、换人物、换地点，通过替换让学生模仿语言的使用。学生掌握好句型基本的用法之后，周国彪再给学生几个关键词，让学生来编写一个小故事。这就达到了学生用语言独立创造的阶段。故事的输出方式是课上口头、课下笔头，口头作文既节省课堂时间又能调动学生的积极性。同时，周国彪还经常听写课文中精彩的句子，加深学生对课文的记忆。

（三）如何教语法

学生厌倦学语法，很大程度上是老师教法的问题。

——周国彪

1. 逐渐分化的原则

周国彪语法教学的方式是先让学生建立基本框架（framework），再讲具体细节。他反对为了追求知识体系的完整性而把全部知识一次性呈现给学生：

> 我讲语法是比较笼统的，就是把基本的特点呈现给学生。我先讲大框架，先讲共性，不讲个性。然后让学生练习与实践，练习中可能会出现一些问题，实践中可能遇到新情况。出现这些问题和情况以后再讲细节。有的老师非常好心，一讲就把整个的知识体系讲给学生，其实效果未必好。很多情况下，老师教得越多，学生学得越少。

学生的优异成绩证明，周国彪的语法教学方法非常奏效。那么为什么这种看似不求精密的教学方法却能收到意想不到的效果呢？美国教育心理学家奥苏贝尔（Ausubel）的理论正好为周国彪"先求大同、后谋小异"的教学策略提供了支持①。奥苏贝尔是美国著名的教育心理学家、意义学习理论的创始人。作为建构主义创始人皮亚杰的学生,奥苏贝尔发展了建构主义的学习理论,提出了 Advanced Organizer(前导组织,或称先行组织者)、Expository Instruction(阐释教学法)和 Meaningful Learning(有意义学习)等有深远影响的概念。

根据奥苏贝尔提出的逐渐分化的原则(Principle of Progressive Differentiation),"学生应该学习包摄性最广、概括水平最高、最一般的观念,然后逐渐学习概括水平较低、较具体、较特殊的知识,并对它加以分化、吸收"②。换言之,学生学习的顺序应该是"先共性、后个性"。奥苏贝尔认为,这种呈现教学内容的方式,不仅与人类习得知识的自然顺序相一致,而且也与人类认知结构中表现、组织和贮存知识的方式相吻合。他由此提出两个基本假设:第一,学生从已知的包摄性较广的整体知识中掌握分化的部分,比从已知的分化部分来掌握整体知识难度要低些。也就是说,从上位概念延伸到下位概念的学习比从下位概念延伸到上位概念的学习更容易些。第二,学生认知结构中对各门学科内容的组织,是依次按包摄性水平组成的。包摄性最广的概念在这结构中占居最高层次,下面的概念随包摄程度下降而逐渐递减。

奥苏贝尔假定,作为信息加工机制的神经系统也是这样构成的,即习得和保持信息的过程是与逐渐分化的原理相吻合的,因此,教师有意识地用这种方式来安排教学内容,就能使学生的学习达到最佳水平。换言之,当学生认知结构中已有的、包摄性较广的、与新知识相关性强的概念能被用来作为学习的出发点时,学习和保持新知识就较为有效。

周国彪发现,由于考试常考词汇的特殊用法,很多学生往往对语言知识的各种细节和例外印象深刻,而对共性的语法知识却往往忽视。他把这种问题称为"丢了西瓜捡芝麻"。为了让学生得到"西瓜",他

---

① 本节参考了北京工业大学心理学课网站的论述,详见 http://vod.bjut.edu.cn/lesson/04/01/01/xdjyjs1/xuexilun/charpt4/lesson4/first.htm#。

② 莫雷. 教育心理学 [M]. 广州:广东高等教育出版社,2002:123.

先从最基本的上位概念和原则入手,在练习中使学生不断加深对普遍规律的理解和掌握,然后让学生自己去发现下位的概念,逐步建构知识体系。他说:"语法教学不是让学生记住那些细则和特例,而是让他们懂得语言使用的大道理。语法要讲通则。"

2. "花言巧语"讲语法

"中介"、"媒婆"、"红娘"

"单通道动词"

"说明性从句"与"形容性从句"

"相对时态"

……

受过高等英语专业教育的老师们可能想象不到上面这些名词描述的是什么语法概念,但是周国彪的学生却可以很熟练地把与之对应的语法现象说出来。这些貌似"离经叛道"的周氏语法术语非常受学生的欢迎。很多学生都说,这些术语不但好理解,而且记得牢。因此,周国彪语法教学的另一大特点就是"花言巧语"讲语法。所谓"花言巧语",是指用生动形象的日常语言,通过大量类比来解释语法概念和规则。

比如,在讲从句时,周国彪用"花言巧语"把连词的作用讲得形象生动、趣味盎然:

> 一个句子和另外一个句子结合到一起,去掉一个句号,组成了一个家庭(复合句),就好像结婚一样。结婚总要有一个人牵线,有了牵线人才有可能结合。这个牵线人很重要,而且要可靠,牵线人选不好,婚姻就可能会破裂。句子结合也一样,为句子牵线的关联词没选好,可能最后两个句子就结合不到一块了,就要出毛病了。起到这种牵线作用的词(所谓的"关系副词"和"关系代词")就是句子的"中介"、"红娘"、"媒婆"。

通过把单句组合为复合句的过程比作"结婚",把连词比作"媒婆",周国彪形象地揭示了连词在连接小句方面的作用。周国彪之所以要将语法术语"改头换面",是与他对语法教学的深刻认识分不开的。他认为:"语法是一根拐棍,不会走路的时候,非要支着它不可。会走路以后,语法知识就可有可无了。所以,学语法、用语法,最后要扔语法。到了可以扔掉语法的时候,语法术语就没多大作用了。既然学语法本身不是目的,那就没有必要强求学生记住这些术语。"另外,周国彪这种大白话式的语法教学语言也是受了陶行知先生的影响。陶先生的很多文章都是通过生动的比喻和浅白的语言讲教育学的大道理,让各个阶层的读者都能很快理解他的思想。周国彪吸纳了陶先生的语言风格,并把它运用到语法教学之中。如果说,陶先生的文风体现的是"读者意识",即作者要为读者服务,要保证读者能理解文章的内容,那么周国彪的"教风"则体现的是"学生意识",即教师要为学生服务,要保证学生能轻松领会教学内容。

在这种意识的指导下,一系列"周氏语法术语"诞生了:

"单通道动词"——又称"不及物动词",因为不及物动词后面不加宾语,含有不及物动词的句子只有主动语态一种表述方式,不能用被动语态改写。

"说明性从句"——又称"非限定性定语从句",指只对先行词作附加说明,去掉了也不会影响主句的意思的从句。

"形容性从句"——又称"限定性定语从句",指为先行词不可省略,去掉后主句意思往往不明确,像形容词一样不和被修饰词分离的从句。

"相对时态"——又称"过去完成时态"。过去完成时必须要有一个参照物,这个参照物也许是过去的时间,也许是过去的动作,在大多数情况下,不会无缘无故地突然出现过去完成时,所以"过去完成时态"表示相对于过去某个时间的过去,属"过去的过去"。

这些新术语不一定非常精确,但是却能简洁而形象地凸显出语法规则的本质特征,因此深受学生的欢迎。

"花言巧语"讲语法不仅体现在语言上,还体现在图画上。周国彪对英语现在完成时的讲解就堪称图解语法的典范。现在完成时涉及过去和现在两个时间范畴,是英语语法教学最大的难点之一。查看一般的语法书,对现在完成时的解释大都是"过去对现在的影响"。这种解释看似浅显,但是却非常抽象,很多学生都觉得"会说不会用"。因为现在完成时同时涉及现在时态和过去时态,学生常常觉得非常困惑,不知道到底该用哪种时态。周国彪通过仔细研究,发现图画是讲解现在完成时态的好办法。

他在黑板上画一个小人(如下图所示),跟学生说:"大家看,这个小人就是现在完成时,下面这根线是时间坐标。小人有两条腿,一条腿踩在过去,另一条腿踩在现在。注意,这两条腿的重要性是不一样的。踩在'现在'的腿和地面支成直角,是小人的重心,所以这条腿不能撤。没有'现在'这个出发点,整个现在完成时态就要倒下来。但过去时的这条腿撤了,小人仍然可以立住。这幅图告诉我们:现在完成时的着眼点是现在,属现在时范畴,是现在向过去的一种回顾。"

过去　现在

然后周国彪展示一小段话:"For years I have done all my washing by hand. Then last year I bought a washing machine and I must say it has made washing much less exhausting. It only takes me an hour now."他让学生品评时态的运用,以加深对现在完成时的理解。学生结合周国彪之前的讲解,很快发现 have done 与后文所表达的意义明显发生矛盾,应把 have done 改为 did,文理才通顺。周国彪用图画更形象地辨析了容易混淆的语法问题,使学生对抽象的语言现象有了直观形象的理解和体验。很多学生都说,周老师画的图比语法书上的讲解生动多了。

3. 及时归纳，提升意识

语法教学的方法有演绎法、归纳法和类比法等。周国彪在讲语法知识的时候，非常注意从语言现象出发，和学生一起归纳语法规则。周国彪一般让学生先体验各种语言现象，提出问题，有了问题以后再讨论。讨论之后，学生会感觉到语言现象的背后似乎有些规律性的东西。这时周国彪再做一个归纳，归纳完了以后，再运用到实践当中去。所以周国彪觉得语法教学应该分为三个阶段：先实践，再认识，再实践，也就是演绎法与归纳法的结合。

从周国彪的语法教学中，可以归纳出以下几个特点供英语教师们学习、借鉴。

（1）语法语境化

语法只有被放到语境中才能被真正理解，脱离语境无所谓"正确性"和"得体性"。教师在语境中呈现语法规律，学生在语境中发现和运用语法规律。周国彪很少直接把干巴巴的语法规则拿给学生看，而是让学生从句子中领悟语法。教学中要把语法的三维——形式（form）、意义（meaning）、用法（usage）相结合，既知其形，又知其意，更知其用。

（2）解释简明化

对语法规则可做适当解释，力求解释简单、明了但不失准确，即语法解释应尽量求得"简明"与"准确"的平衡。语法切忌学得过多、过细、过深，关键是建立框架。

（3）讲解浅易化

在讲解语法时，应适当控制语法专业术语的使用。因为语法教学的重点是掌握英语的用法，而不是研究语法，只要学生能理解语法规则的用途，不知道术语的具体名称也无大碍，怕就怕只记住了术语，而不会用。所以要控制语法术语的使用，让学生把更多的精力放在语法的用法上。

（4）教学循环化

语法学习过程并非线性，一次完美掌握一个语法项目，再学下一个，而是呈波动起伏规律，经过多次反复，最终才能被学习者所内化，成为学生的中介语（inter-language）的一部分。因此，为适应语法习得这一过程，语法教学必须循环往复、由浅入深、由简到繁，逐渐掌握。

（5）语法意识化

实验证明，使学生注意到语法的形式特征及其在语境中的意义和功能，比直接讲解语法规则更利于语法知识的习得。所以近年来，国外的语法教学多采用语法意识提升活动，在丰富学生语言知识和提高交际能力方面效果明显。

（四）如何设计教学

很多年轻老师备课的通病是：只考虑教什么，少考虑怎么教，不考虑学生会怎么学。

——周国彪

教学设计是教师的基本功，也是最能体现教师功力的一个方面。一位有经验的教师将教学设计工作总结为："一个有效的教学设计应体现'五有'和'五备'：胸中有'纲'，脑中有'本'，目中有'人'，心中有'数'，手中有'法'；备目标，备学生，备过程，备板书/媒体，备练习。"[①] 当然，在教学设计中做到面面俱到是很难的，关键是要抓住重点和方法。在这方面，周国彪的经验有很多值得其他教师借鉴的地方。

周国彪常说："教学的本质就是设身处地、化难为易。""设身处地"是指教师要从学生的学习角度考虑教学设计，使教学过程符合学生的认知规律；"化难为易"是指教师要发现学生学习的难点，并通过教学活动将难点化解。周国彪认为，教师应在分析课标、学生实际需求的基础上进行教材分析，有针对性地对教材进行必要的整合，按照学生的实际来确定教学目标和教学过程，让学生能看到或感受到自己

---

① 陈亚丽. 新课程下高中英语有效课堂教学设计［J］. 基础英语教育，2007（6）：66.

的点滴进步，得到一点英语实践成功的乐趣，在成功中体验成就感，进而产生学习的动力。

1. 教学目标设计

教学目标是预期学生通过教学活动要达到的学习结果与标准，是教学设计的首要任务。在常年指导青年教师的过程中，周国彪发现很多老师不会设定教学目标：

> 有的老师的教学目标就是"教学生听、说、读、写"等，这节课的教学目标套到其他哪节课都可以。所以这个教学目标就是空的，老师不知道这一节课该做什么。这个问题不解决，教学效果没法检查，搞再丰富的活动也都是瞎忙活，因为活动应该为教学目标服务。另外，有的老师在教学目标里总把自己放在第一位，老是说自己要教什么。这说明他还是把教师摆在教学的中心位置。其实，我们的教学目标，实际应该最后落实在学生身上。学生应该掌握什么，学生这节课应该学会什么，这是教学目标应该解决的问题。

周国彪认为，设定课堂教学目标时应当注意以下几方面。

课堂教学目标的内容应该体现教学的结果，而不是教学的过程。教学目标，顾名思义，应该反映教学活动实施的方向和预期达成的结果。有些老师将课堂教学目标定为"学习本课的单词和句型"、"阅读课文"等，这些其实都只是教学内容或者教学活动，而不是教学的"方向"或"结果"。如果把"内容"当成"结果"，那么教学设计则毫无目标可言，教学效果的好坏也就无从界定了。

课堂教学目标的性质应该是微观目标，而不是宏观目标。课堂教学目标是学生在学完一节课后应该达到的水平，所以是短期和微观的目标。有些老师却常常把宏观的课程目标作为教学目标写进教案，如"通过创设人文情境，提高学生的综合语用能力"、"激发学生的学习积极性，培养他们的合作学习习惯"等。这些都是英语课程要实现的宏观目标，是英语教师每节课都要努力的方向，不适合作为某一节课的教学目标。

课堂教学目标的范围应该涉及综合语用能力的各方面，而不该只限于语言知识和能力。 虽然课堂教学目标不等同于课程目标，但是应该反映课程目标的要求。有些教师虽然常常把课程标准挂在嘴边，但是在设定教学目标时却只考虑语言知识和能力，很少涉及文化、学习策略、情感态度与价值观方面的内容。这样一来，教师就无法在课堂上落实课程标准的要求。周国彪发现，很多年轻老师的课都不同程度地存在"单一化"的现象，经常整节课都在讨论内容，然后整节课都在做练习。其实，一节课该是一个综合的整体，应该把课程标准几个方面的目标都体现出来。有的老师为了让课堂出彩，就说今天上阅读课，学习奥运会，然后整节课就跟学生聊起奥运来了，完全脱离语言学习。周国彪觉得，这其实是用讨论来代替教学，恰恰暴露了教师在教学设计上的漏洞。

课堂教学目标应该具有可操作性和可评价性，而不能模棱两可，含糊其词。 比如"掌握本单元的单词和句型"这种提法，就缺乏外显的行为指标以供观察和评价，操作性差。如果改为"能用本单元的单词和句型造句"，或者"能在不同语境下理解本单元的单词和句型的意思"，就能成为可具操作性的显性教学目标。因此，英语教师在设计教案时应该尽可能地使用一些"can-do statements"（学生具体能做的事情），指明学生能够完成哪些任务，从而为教学设计和评价提供依据。

课堂教学目标的对象是学生，而不是教师。 根据"以学为本"的教学理念，课堂教学目标描述的对象应该是学生，是学生学习的成果，而不是教师的教学活动。然而有些老师却把自己的活动写入教学目标，像"教授词汇的用法"、"帮助学生了解美式英语的基本特点"这类提法，仍然把教师作为教育的主体。只有从"学生能……"这个角度出发，才能够体现学生的主体地位。

课堂教学目标的主体是语言知识，而不是百科知识。 现在的英语课本内容非常丰富，涉及各门学科。很多老师对"以语言学百科，以百科促语言"的理念理解得比较机械，误以为百科知识比语言知识更重要,把注意力放在学习百科知识上,以对课文内容的讨论代替语言学习。周国彪认为,这样做难免有矫枉过正之嫌,因为一节英语课的首要任务毕竟还是学英语,课上学习应该以"语言为主,百科为辅",课外学习则可以"语言为辅,百科为主"。所以除了学生掌握课文所讲的百科知识之外,英语课堂教学目标的主体应该是综合语用能力。在语言结构上,有哪些是可以欣赏的,哪些是学生需要模仿、掌握的句型和词汇,这是教学目标必须涉及的内容。

综上所述,教师必须从学生的角度设计教学目标。在这一过程中,有两点需要注意:一是学生需求分析,二是换位思考。教师要全面了解、分析学生,包括他们的认知特点、个性特征、社会背景、语言水平等。当然,所有这些不是在教学设计时才去了解,应该靠平时的积累。在教学目标设计时,教师应该站在学生的角度,确保自己设计的教学目标是学生想完成的、应该完成的、能够完成的。

2. 教学组织设计

周国彪认为,英语课堂教学结构应该包括以下环节:复习与导入、呈现与理解、发展与训练、输出与运用。

在设计具体的教学环节和教学活动时,周国彪认为应该抓住"一个中心、两个基本点、四种活动"。"一个中心"就是以学生为中心,"以学为本"、"因人设教"、分层教学、多做预案;"两个基本点"就是抓住教学的重点和难点;"四种活动"是指"听、说、读、写"不可偏废。

其中,"一个中心"是所有教学活动的首要基础和前提。周国彪觉得,教学设计虽然一般以中等程度学生为基点,但是教师要照顾差生,尤其不能让差生掉队。根据周国彪的分析,差生主要差在基础上,而基础差的缘故,就是因为他们实践少。语言不是高科技,而是人类共有的能力,语言学得好与差,就取决于学生的实践量。要想让差的学生赶上来,关键是让他们有勇气开口说英语。高中生不像初中生,比较放不开,所以周国彪特别关注那些沉默的学生。他在备课时总要思考这样两个问题:怎么样让学生在课堂上表现自己?怎么样让学生在

思想：以人为本、以学为本、因学论教、教学做合一

课堂上能有成就感？

对于后进生，周国彪经常给他们一些比较简单的任务，比如重复、模仿老师或者其他同学的话语，回答前面同学已经回答过的相似问题，等等。只要落后生能够积极发言，能尽力完成任务，周国彪就会给他们以充分的鼓励，让学生相信自己并不比其他同学差，消除他们在课堂上的焦虑情绪。为了调动后进生的积极性，周国彪常常利用课间和中午的时间，和这些学生谈天说地。时间一长，学生觉得周国彪非常亲切，上课时就不紧张了，因为说错了也不会挨批评。差生出了错以后，周国彪绝对不责怪他们，而是耐心地为他们示范，让他们再说一遍，只要改对了，周国彪照样热情地表扬他们。

在设计小组活动时，周国彪还要考虑让不同学生都有事干。所谓"有事干"就是让每个学生都动起来。由于学生的英语基础和口语水平不同，他们在小组活动中的参与程度也不一样。有些学生处于主导地位，在互动中滔滔不绝；有些学生则一言不发，根本没有和其他同学进行交流。为了让每个学生都能有效地使用英语，周国彪会给水平较低的学生设计具体的任务。在小组内部活动时，他让这些学生做一些用语简单、重复性强的事情，比如做统计。在交流小组活动成果、学生汇报的时候，他会想方设法让好、中、差三类学生都能有发言的机会。差生可以回答一些简单的问题，或者做一些简单的复述任务。周国彪还会鼓励学生说完整的句子，如果他们能够说一些，答案基本正确，周国彪就会夸奖他们。这对学生来说是一个很大的鼓励。

推行学案教学法以后，周国彪发现学案更便于实现差异化的学习。学案的学习活动和要求按照学生水平分为几个层次。水平高的学生可以利用学案里的高层次的活动，自己再进一步深化；水平低一些的学生，可以从基础的活动入手，然后过渡到中、高层次。也就是说，学生可以根据自身的状况和需要，随时进入或者退出某个学习层次，这里的选择完全是自主的和动态的。这在实质上就是以前分层教学的演化和延伸。

进入21世纪以来，很多老师都发现学生的个性越来越强，思维越来越活跃，知识面也越来越广。以前教师期待的"异口同声"的场面

出现得越来越少,"异口异声"的情况越来越多。面对学生在课堂上提出各种问题、做出各种反应的情况,周国彪指出:"备课时想到学生会有什么反应,上课时老师才不会举止失措。所以备课不是备你想怎么讲,而是要备学生怎么学,备学生可能出现哪些问题。"思考学生可能会提的问题是周国彪备课的重要经验之一。他考虑的学生提问可能会涉及以下几个方面。

第一,准备学生自学中遇到的问题,也就是找出学生学习的难点。要做到"设身处地,化难为易",教师必须思考学生会遇到何种困难,再针对这些困难设计教学活动,帮助学生顺利地掌握知识。周国彪在每次备课时,都会找出课文中的难点,并设计相应的讲解方式。

第二,准备学生听讲中遇到的问题,也就是从多种角度、用不同方式来展开教学活动。教师应该认识到,自己思考问题的角度不是唯一的角度。现在的学生思维发散性很强,往往喜欢从老师意想不到的方向思考问题,提出"离经叛道"的解释。因此,教师必须想到,如果学生提出不同的思路该怎么办,要做好教学活动的预设。不少教师还有这样的体会:教师觉得自己已经讲得很清楚的时候,仍会有一些学生不理解,换了一种说法之后,他们才露出恍然大悟的样子。因此,教师在准备如何讲解知识时,应该从多角度解释,用浅显的话语,以及类比、对比等多种手法讲解。前面提到的周国彪"花言巧语"讲语法,其实就是用多种方式来讲同一个道理。《礼记·学记》中说:"君子知至学之难易,而知其美恶,然后能博喻;能博喻然后能为师"(能够知道学生学习水平的深浅,知道学生资质的高低,然后能用各种方法使学生掌握知识,这样就可以成为老师了)。由此可见,早在两千多年前,古人就把"博喻"(善于运用多种教学方法)作为教师必备的技能了。

第三,准备学生想进一步了解的问题,也就是熟悉相关的知识。英语词汇学习有这样一个特点,学生在学了某一事物的英语表达法以后,可能会联想到其他相关的事物。比如,学生在学习人教版高中英语课本第一册(上)"Sports"一课时,除了书上提到的体育运动以外,会想到自己喜欢的其他运动,上课就有可能会向老师提问。如果教师能提前有所准备，就能及时满足学生的求知欲。

"两个基本点"即教学的重点和难点，这似乎已是老生常谈，但是很多老师上课时重点和难点不分，或者搞错重点和难点的情况仍然比比皆是。周国彪认为，重点和难点虽然经常被大家同时提到，但是它们在课文中不一定同时出现，而且课文中的难点不一定也是重点。同时，课文中涉及的语言知识和百科知识可能有各自的重点和难点。现在的英语课本涉及多个学科，包含电影、体育、地理、历史等多种主题，语言知识和百科知识都很丰富，教师既不能忽视课文的学科知识（content knowledge）背景，又不能喧宾夺主，忽略语言知识的学习。

要确定"难点"，教师必须了解学生的认知水平和特点，挑出文中的难词难句。要确定"重点"，教师必须根据课程标准的要求和对语言应用范围的理解，找出学生必须掌握和应该掌握的语言点。周国彪说："比较常用的表达法应该是重点，越是常用的越应该是重点，其他的不一定是重点。重点和难点其实不完全一致。有的词很难，但用得很少，因此未必是重点。重点应该是用得比较广、和生活实际联系紧密的词，这些恰恰是学生要学的。所以我觉得，教师不要钻冷门，要钻热门。"

再谈"四种活动"。在长期教学实践活动过程中，周国彪发现某些老师的教学活动类型过于单一。比如，有些老师认为，阅读课就应该以默读和讨论为主，不能有听和写的活动。周国彪认为，一堂英语课中的教学活动应该涵盖听、说、读、写多种形式。由于教学目标的不同，某种学习活动的比重可以大一些，但不能成为唯一的活动形式。活动形式单一化，不仅容易让学生感到厌倦，而且不利于发展学生的综合语用能力。

在设计课堂教学活动时，周国彪认为教师应遵循四项原则：以人为本，体现人文性；教学做合一，突出目标性；以学为本，遵循可行性；激发学习兴趣，提倡多样性。总而言之，活动不能流于形式，不能为了搞活动而搞活动。备课时，教师要把活动的目的、步骤和衔接想清楚，上课时才不会出现学生盲动、乱动的问题。同时，活动形式也要适度多样，不要为了显示教师的设计能力而故意变换花样。

除了每节课自身的教学之外，周国彪认为教学设计还应该考虑

"课堂的前行与后延",即本节课与前一节课和后一节课之间的衔接。有些教师在给学生布置预习时,并没有想好下节课的教学内容,结果学生预习的内容和实际上课内容不一致,等于学生没有预习,造成教师在第二节课陷入被动,教学效率低下。还有些教师随意给学生留作业,不考虑练习和任务的意义和效果,从而使学生对知识的巩固和拓展大打折扣,阻碍了学生提升的空间。因此,教师除了设计自身的教学行为以外,更要设计好学生课前的预习和课后的练习。

下面是周国彪指导一位年轻老师准备人教版高一年级英语课本 Module 1 Unit 5 Nelson Mandela 时的部分对话,从中我们可以具体深入地看到周国彪在教学设计方面的经验:

年轻老师:这篇课文的结构特别清楚,就是讲 Elias 遇到曼德拉之前和之后的不同生活状况。所以这篇文章分成两部分,特别明显。我估计学生能比较容易地找出来。

周国彪:你得想想,学生到底能不能分出两段来。要是没提前想到,我们上课时就可能会很尴尬。出了争议以后,处理得不好,时间就给耽误了。

年轻老师:我采取两种方案,因为两个班的程度不一样。

周国彪:就说你做公开课的那个班。有时候老师越觉得简单的东西,学生越不容易完成。要充分估计到困难。你提的问题是:How many parts can the text be divided into? 可是没有告诉学生只能按时间标准分段,所以学生要是按别的标准,分了三段、四段,和你设想的不一样,那你怎么办呢?

年轻老师:那我就给他们提示,让他们找 key word。

周国彪:对。你让学生总结了每个自然段的意思之后,你要明确提示他们,要按照时间来划分文章的结构。

年轻老师:明白了。

周国彪:我们要让学生理解自己的教学意图。有时候我们特别想让学生跟着自己走,但是学生偏不走,和老师PPT课件上讲得不一样,结果就弄得老师特别狼狈。所以,教学指导语必须要交代清楚，我觉得你的指导语还可以再明确一点。

年轻老师： 好。

……

年轻老师： 最后一部分是扩展性的问题，问得比较细。

周国彪： 但是你的时间够用吗？如果时间不够用，那就不能问得过细，可以把一些内容放到下一节课。时间要控制好。铃声就是命令，无论是平时课还是公开课，都不能拖堂。

……

试讲时，周国彪提示的问题都出现了。那位年轻老师发现，有些学生的分段方法和自己的并不一致，还有一些学生根本不知道该怎么分。在某些小组活动中，因为老师解释得比较快，有的学生没明白老师的要求，商量了好一阵才开始做活动。而且，由于活动设计较多，教师多讲了四分钟后才下课。在公开课上，她进一步修改了教学设计，解决了上面的问题。周国彪的指导体现了他一贯的"备学生、备学法、备教法"、"以学为本，因学论教"的思路。他始终从学生的角度考虑教学，预想学生的多种反应，而不只是从老师的角度来推测难易。所以他提醒年轻老师，不要因为自己觉得容易，就认为学生也不会有问题。此外，在组织教学活动时，活动的目的和操作方式一定要讲清楚，让全体学生都理解，就像周国彪所说的那样："活动要想开展得快，指导必须进行得慢。"否则，学生因为不知道该怎么做，没法搞活动，反而浪费了大量时间。最后，教师要尊重学生休息的权利，不能随意占用学生的课间时间。这些细节之处，都体现了周国彪对学生的尊重，是"以人为本"思想的具体体现。

（五）如何使用教材

依靠课本，但不固守课本，抛开课本，再返回课本，最终达到激活课本的目的。

——周国彪

教师始终在和教材打交道，如何处理教材是教师在每节课都要思考的问题。周国彪认为，课本绝不是教学的全部内容，教师必须对课本内容进行整合，创造性地使用课本，让课本为我所需、为我所用。他把自己使用课本的原则归纳为"量力而行"：

"力"就是学生的实际情况；"行"就是增减、改编、重组教学内容，使教材服务于学生，而不是让学生适应教材。教师必须依据学生的认知规律、相关话题、语言功能、语法项目、词汇范围调整单元之间的顺序，调整单元内部的教学内容，调整课本的呈现方式，在可能的情况下还应对教学内容做适度、适量的扩展。

与以前的教材相比，为新课标编制的各版教材都有以下特点：知识领域广、活动多、阅读量大、单词量大。很多老师都感到不适应：每部分全讲一遍没有时间，不全讲又不知道如何取舍。周国彪觉得，现在大容量的课本其实是帮了老师很大的忙，因为课本为师生提供了丰富的学习资源，为教师节省了准备额外学习材料的时间。问题在于如何做删减和调整。周国彪认为，不仅每单元内的教学材料要删减，保留下来的教学材料中的语法、词汇知识也要删减，确定详讲、略讲、不讲的内容。删减的标准来源于课程标准以及学生的需要。课程标准和本单元话题的内容自然应该是学习的重点，然后教师可以根据学生的需要，选出对学生来讲既常见又常用的知识，剩余的内容则可以略讲或者删去。在确定重点的过程中，不要误以为所有的难点都是重点，因为有些语法现象和词汇较为生僻，会给学生学习制造障碍，而且这些知识也许并不在课程标准的要求之内，因此没有必要投入太大的精力。如果面面俱到，不仅老师吃不消，学生更吃不消。"老师越想多教，学生学得越少"，这是周国彪对多年教学经验的总结。

周国彪坚持用辩证的态度对待课本。他说："课本不是《圣经》，而是一个模板，一个媒介。教学的四个阶段是：深入课本、离开课本、返回课本、超越课本。课本只是学习的起点，而不是终点。""课本不是《圣经》"，说明教师应该成为课本的主人，而不是课本的奴隶。课本只是教师利用的教学资源之一,教师应该敢于、善于对课本进行增删和调整。周国彪是这样来诠释教学四个阶段中教材与学习的关系的:

第一步,深入课本。每单元开始的时候必须围绕课本展开教学,因为课本背后体现的是国家课程标准,是国家法律的要求,教师再有创造力也不能为所欲为。所以教师必须依靠课本,以课本作为学习的基础。

第二步,离开课本。在学生熟悉课本的基本内容之后,教师要引导学生进入比课本宽广得多的社会生活领域,学习、了解与课文主题相关的知识。这进一步体现了对知识的引申和拓展,也就是"把课本由薄变厚"的过程。比如,学生在学完奥运会相关的课文后,再去了解大学生运动会(universiade);学完加拿大的地理和气候以后,再学习加拿大的教育体制、国旗、国歌等。

第三步,返回课本。教师带领学生从新的角度和高度重新审视、评价课本,实现对课本的深层次理解,再把课本"由厚变薄"。周国彪让学生复述、评论课文,就是实现第三步。近千字的课文,学生用一百字去提炼、归纳、评价,这是对学生学习能力和语言能力的很好锻炼,能促进学生对目标语的内化以及内化的精确度。

第四步,超越课本。教师创设各种任务,让学生在课本以外的情境中应用所学知识、进行创造,从而达到对知识的活学活用。这是对应试教育的超越,体现了素质教育的要求。

"教学四步"体现了周国彪驾驭课本的宏观原则。针对课本中具体的每一篇课文,周国彪又有一套自己的微观处理方法。在讲授课文时,周国彪坚持把阅读理解任务和语言学习任务分开。周国彪认为,阅读理解就是要把握课文的文脉和意脉。每篇文章都有自己的文脉和意脉,文脉即文字上的衔接,意脉即意义上的连贯,意脉通过文脉得以实现。但是从语言学习的角度来看,课文中写得精彩、值得学生模仿的句子与文脉和意脉不一定重合。周国彪由此提出,课文中有两种核心句,一种是内容上的核心句,另一种是语言上的核心句。他在讲课文时先讲文章内容后讲语言。找出内容上的核心句是为了让学生理顺课文的文脉和意脉,理解文章的主要内容。讲解完每段的大意之后,周国彪要让学生复述全篇的内容。复述有几个作用：检查学生对文章的理解，巩固学生对信息的记忆，帮助学生总结全文，促进学生的口语表达能力。通过复述，学生对各段的中心句进行了加工。阅读理解做完了，周国彪要引导学生学习语言核心句。这些句子含有重要的语法结构或表达法，是让学生分析、欣赏、背诵的内容，以此进行深入的语言学习。有些老师在讲课文时不区分阅读理解和语言学习这两个任务，一会儿讲文章的组织，一会儿讲词汇用法，一会儿又讲语法结构，人为地割断了文章的文脉和意脉，把内容核心句和语法核心句混在了一起。结果学生在下课时只记住了一堆七零八碎的知识，既无法对文章内容有全貌的理解，也没法对语言有深入的理解。

（六）如何组织课堂教学

坚守课堂教学这块"主阵地"，抓落实、抓效益，构建"以学生为主体、以主题为线索、以活动为中心"的课堂教学模式。

——周国彪

很多特级教师都是组织课堂教学的大师，周国彪即是其中之一。他常说："课堂是个宝，每分钟都要精打细算。课上好了，教学就不会出大毛病。"周国彪在课堂教学方面积累了丰富的经验，他以"构建教师启动、学生主动、师生互动的学习共同体"为组织课堂教学的目标。"教师启动"即教师是教学的主导，"学生主动"即学生应该是教学的主体，"师生互动"说明教学依赖于师生的共同努力。

1. 课堂活动

周国彪把自己的课堂教学模式归纳为"以学生为主体、以主题为线索、以活动为中心"，又把"活动性"和"系统性"、"交际性"、"文化性"、"情感性"联系在一起，列为英语教学实践的五大原则之一。这足以说明周国彪对活动的重视。的确，如何在课堂上组织各种教学活动是对教师的最大考验之一，听课的老师也往往把注意力集中在活动上。通过多年的实践，周国彪发现开展成功的课堂交际活动需要具备四个基本条件：①营造课堂气氛；②激发学生兴趣；③重视多向交往；④注意思维调控。其中的前两个条件说明活动要符合学生的兴趣和需要，让学生愿意开口说英语。第三个条件是指交际活动的对象不宜只限于固定的两个人之间。如果课上总是师生交际或者两人活动，时间一长学生就疲乏了。第四个条件是指教师不能对学生的交际活动放任不管，活动前要明确活动要求，做适当指导；活动中要巡视，注意学生活动的动态，提供帮助，进行纠偏；活动后要有反馈。

周国彪对教学活动的内涵有独到的理解，他把活动解释为"活"加"动"："'活'就是把文字活化为有声有色的、让学生全面认知的新话语，把教材内容活化为实际生活，把教学活化为交际。'动'就是身体各个部位动，认知结构动，人的主体意识动。"在这种理解的观照下，我们不难发现很多课堂活动的问题所在。当活动缺乏目的性时，学生虽然动来动去，但是只动不学，属于"动而不活"；当学生对活动不感兴趣时，学生只是被动参与，光动嘴不动脑，个别学生甚至连嘴都懒得动，成了"活而不动"。如此看来，虽然有些老师的公开课充满了活动，热闹非凡，但是相当大的一部分活动都属于无用活动，费时不少，收效甚微。因此，我们不能以活动的多少或种类来评价一节课，而要看有多少活动达到了"活"与"动"的双重标准。

在周国彪看来，真正有效的教学活动应该至少满足以下条件：
①课堂教学活动的形式与教学内容要密切相关，活动要为内容服务；
②课堂教学活动要活而有序、活而有效；
③课堂教学活动要尽量真实，体现开放性。

虽然周国彪非常善于组织各种交际活动，但是他从不把交际活动当成唯一的课堂活动组织形式。周国彪认为，课堂活动应该动静结合，既有学生口头交际的互动活动，也要有学生沉静下来、个体学习的活动。他认为："语言学习要经历感知、理解、吸收、运用等过程才能转化为学生的语言，教师不能简化学生的学习过程，不能忽视学生的个体思考、消化知识的过程，课堂语言学习的动态过程应与学生个体静态思考、理解、吸收过程相得益彰。"

在阅读、听力、写作活动中，在记笔记、思考问题的环节中，学生需要集中精力，独立思考、判断，以自己的能力、方式解决问题，完成学习任务，所以他们不愿意被打扰和干涉。个体独立的学习形式虽然没有互动和交际，但也是一种重要的学习活动。它的"交际对象"不是同学和老师，而是书本、语言本身，即学习内容，这是学生与知识的一种内在交流，是认知、理解、记忆、反思、评价的过程，因此不能被教师剥夺。在提倡交际法的环境下，很多英语老师都花费了很多精力设计交际活动，在课堂气氛空前活跃的同时，也出现了片面追求交际、学生从头说到尾的现象。这样做的危害是，学生失去了理解、记忆知识和思考问题的时间，学得不扎实，整堂课显得非常浮躁。所以，周国彪曾这样说："为了避免课堂呈现'虚假繁荣'的景象，课堂活动必须和有效的语言实践有机结合起来，既有训练活动、记忆活动，又有理解活动、应用活动、策略活动、情感活动和反馈活动等，使教学效果在有限的时间内达到最大化。"

对于如何组织课堂教学活动，周国彪把自己的经验进行了总结：

坚持用英语进行课堂教学（speak English if possible；speak Chinese when necessary），用学生能理解的英语解释词语、语句、课文（包括组织教学、词汇解释、课文讲解、语法学习、课堂练习等活动）。活动形式多样，通过个别回答、集体问答、结对活动、小组活动、做游戏、角色扮演、信息差活动（jigsaw）等来分析段落大意、寻找具体信息、讨论人物场景、分析典型人物等，这些活动和学生对语言结构的感知理解结合在一起，促进学生思维，帮助学生运用这些语言点，从而为读写打好基础。在此基础上，课堂教学还必须组织各种形式的读写活动，如句型转换、词形变化、听写、改写、扩写、连词成句、联句成段，以使课堂教学更扎实、更有深度，并能够加深学生对语言知识的理解，巩固对语言点的运用，从而真正提高综合语言能力。

2. 课堂教学应变能力

我们在前面已经多次提到过课堂应变能力。虽然充分备课可以增强教师的预设,但是由于课堂是多种因素、多方关系交互作用的动态过程,因此难免会出现学生行为与教学计划不吻合的情况。这时,教师只能见机行事,果断调整教学计划,进行必要的确认、重复、更正、澄清,维持课堂教学系统的动态平衡。意外事件的处理需要教育机智,而这种机智是教师观察的敏锐性、思维的深刻性和灵活性、意志的果断性等在教育工作中有机结合的表现,是教师优良心理品质和高超教学技能的反映,也是教师迅速了解学生和影响学生的教学艺术。

根据周国彪的经验,课堂应变一般有两个途径。

第一个途径:对教学计划做适当改动,使其适应当时的课堂行为。这种方法适用于学生学习遇到困难或者学生的反馈有利于拓展学习领域的情况。有一次,在课文理解的过程中,周国彪和学生之间发生了这样的对话:

周国彪:What do you think would happen to the boy?

学生:He was dangerous.

周国彪:The tiger will attack the boy. The tiger is dangerous. We can only say, "The boy is in danger."

Where is Jack? He is over there, on the bridge. Oh, the bridge is too shabby. It is dangerous to stand on the bridge. Let's tell him to leave at once. Or he'll be in danger. If he stands on the bank, he'll be safe, out of danger. He'll be in safety...

学生误用了 dangerous 一词,把"某人处于危险之中"(He is in danger.)说成了"某人是危险人物"(He is dangerous.),周国彪就暂停了既定的教学进程,用几分钟时间给学生专门讲了 dangerous 和 in danger 及其反义词的不同用法。这是因为 dangerous 和 in danger 都是常见词汇,属于学生必须掌握的知识。发现了学生知识上的漏洞,教师应该及时补救。

第二个途径：对学生做适当引导，及时纠偏，回归教学计划。这种方法适用于学生关注与学习没有紧密关系的事物的情况。这时教师不能纵容学生注意力的转移，而应该让学生回到课堂教学的主题中去。

例如，在一次主题为"加拿大"的讨论中，周国彪想要学生运用课文中学到的语汇及结构，围绕"large, empty, beautiful, rich"对加拿大做一个简要概括。于是询问学生："Well, I see you have learned about Canada. Now would you please tell us what you think of Canada?"学生答："I think of the country very well."显然，学生对"What...think of...?"产生了误解。此时，周国彪为了不干扰这堂课的主旋律，他稍作了引导："Oh, yes. I can see that you think highly of Canada, and you are eager to pay a visit, because you like the country. Now tell us why you like Canada."于是，学生在他的引领下运用刚才课堂讨论中涉及的语汇及结构 be located in, cover an area of, from sea to sea, be rich in, a land of immigrants, fresh water maple tree, busy as a beaver 等，围绕主题进行课堂陈述。课堂活动很快就回归到教学主题上去了。当然，情况允许，教师也可对"what...think of...?"做个简明解释，然后请学生根据要求重新作答。

当然，课堂上不可避免地会出现老师无法当堂解答的问题。这时周国彪不会回避，更不会不懂装懂，他会表扬学生："你的问题提得很好，老师确实没想到，我下去再去查资料，以后肯定给你答复。"这种真诚的态度往往会赢得学生的尊敬。虽然没能答出学生的问题，周国彪仍然感到很高兴，因为他知道学生的水平在逐渐提高。他说："学生难倒老师，是个好现象。如果学生被你捉弄，即使你错了也跟着你走，那只能说明你的无能，那才是老师的悲哀。陶行知讲，老师跟学生是可以互相转换的。我不可能永远是老师，因为语言包罗万象，而且随时在变，每天都有新词出现。有的学生比我知道得多，也很正常。语言学习是个交流过程，我在影响学生，学生的语言也在启发我，这种互动促成了教学相长，也给教学带来了意外惊喜。"

（七）如何准备高考

为考不唯考，以考促学。

——周国彪

一年一度的高考牵动着亿万家长和学生的心。在很多人眼里，只有在高考中取得成功的教师才能算得上是真正成功的高中教师。不管平时上课多受学生欢迎，如果一位老师所带班的高考成绩不理想，他仍然很难得到同行、社会、家长和学生的最终认可。周国彪对高考有深入的研究，所教的毕业班多次在高考中取得北京市或东城区前三名的好成绩。他说："当老师要做到两个字：'诚'和'勤'。学生做十道题，我就要做二十道，甚至更多。老师要为学生找出解题要领，并努力在提高学生应考能力的同时，提高学生的语言水平和思维能力。"本部分从教学策略和解题技巧这两方面总结周国彪的高考教学经验。

1. 高考英语复习策略

周国彪认为，高三英语复习时间紧、任务重，高考复习的过程不应是对已学知识的简单重复和强化，而是一个再学习、再认识、提高理解能力和运用能力的过程。他指出，高三英语教学中应处理好以下几对关系。

(1) "考纲"与"教材"的关系

高考英语总复习必须"以纲为本"、"以考试说明为本"，将重点从复习教材、掌握语言知识转移到训练综合运用语言的能力上，完形、阅读、写作和听力等专项训练都能培养学生的综合语用能力。复习教材时必须体现知识的应用，通过训练掌握知识，通过运用促进能力的发展。教师应始终将重点放在分阶段的综合能力的专项训练上。

(2) "规则"与"运用"的关系

"规则"是指语音规则、语法规则和惯用法等。任何语言规则都必须在"运用"的过程中得以体现。因此，高考英语总复习中，学生不宜把大部分时间用在背单词、记语法规则上，而应在掌握了一定语言知识的基础上，着力培养和提高运用语言解决实际问题的能力。

(3)"词句"与"篇章"的关系

高考英语教学应以应用语言学理论为依据，从考查语法、语义逐步转向考查语用。因此，复习中一定要抓住语篇训练。在具体的语境中有的放矢地解决词、句、篇的理解问题，进而达到领会语篇主旨、理顺语篇内在逻辑关系、把握语篇修辞技巧的目的。

(4)"读"与"写"的关系

高三英语必须走出"书面表达技能不易提高"的误区，做到既重视阅读的理解性输入，又重视写作的交际性输出。只有这样才能达到大纲所要求的发展听、说、读、写的交际技能。因此，复习中一定要有计划地从组词造句、联句成篇做起。先欣赏适量的范文，留意文体特点、英汉格式及表达差异等值得注意的问题，再着手仿写。然后，指导学生根据简要说明、图画、图表等内容练习写记叙文、说明文、议论文和接续文等不同形式的文章。而且还要让学生学会如何修改文段。通过系统练习，学生的书面表达能力定会有提高。

通过分析近年来的高考题，周国彪发现高考英语试卷的特点是：语法知识考查难度下降，试题语言地道、语境仿真、不拘一格、讲究实用。这就要求学生不要死记语法，不死钻怪题，而应注重句子结构，在语言的实用意义上下功夫。虽然周国彪自己精研了大量试题，但是他反对学生搞题海战术。周国彪和教研组的同事们一起精选精练那些设计严密且具有科学性、系统性、针对性的练习题，让学生限时完成，保证练习的质量。做完练习后，周国彪还要仔细分析学生暴露的问题并找出对策。在讲解时，他着重剖析典型例题，培养学生举一反三、触类旁通的能力，并要求学生不要只求答案，而要多角度设问，使自己既知其然，亦知其所以然，正如他自己说的那样："题不在多，典型就行；题不在难，思考就灵。"

对于如何准备高考，周国彪提出了以下的策略。

(1)了解试题特点

考纲是出题的依据。高考英语考纲规定了高考英语试题的考查形式、题型、基本知识和能力等。教师通过对英语考纲的研究，了解高考英语试题考什么，怎么考，要求学生必须具备哪些基本知识和能力，从而帮助学生在熟悉基本词汇、短语、句式的同时，注意复合句及复杂句子的理解。在平时的学习中，老师要注意与高考题考查的知识和能力接轨，挖掘其深度，强化其用法。

（2）夯实基础，强化能力

在英语复习过程中要优化学生的英语知识体系，着重构建知识网络（词法、句法、章法），分层次、分专题地记忆和应用，为实现知识向能力的迁移和转化奠定基础。记忆必须要坚持一个"勤"字。"业精于勤"，英语知识的训练和积累就是一个勤的过程。

在基础知识的复习过程中，要让知识形成一个综合体。多角度、多层次训练学生对所学语言知识的理解能力及在不同语境中正确使用语言的能力，增强其运用语言的熟练性。提高对语言的反应能力，从而增加有限时间内的语言信息处理量。比如，在复习单词时，既要把一个词的词性变化、意义、用法掌握住，又要对该词构成的短语加以强化记忆和使用。其中，词性变化就包括了词的前缀、后缀、变化后的意义等知识，内容复杂，学习量大。这些知识的掌握就要靠一定量的专项和综合练习，结合实际运用，最终达到活学活用。根据复习的进度和学生的水平，教师可以适当地采用高密度、大容量、难度适中的训练，帮助学生过好基础关，为语言运用打下扎实的基础。平时要多归纳，举一反三，创设语境，活跃思维，以巩固基础知识和培养应用语言的能力。

（3）大量听读，培养语言意识

周国彪在分析了学生的高考试卷之后发现，学生在很多考点上的失误，表面上看是知识问题或解题思路问题，但其深层原因则为语言能力不足和语法意识不强。因此他指出，教师应当在优化语法学习的基础上，对学生进行大量的听读训练，确保学生有充分的语言输入量，丰富学生的语言体验，增强学生的语言领悟能力。老师应当多让学生读些符合或略高于其语言水平的英语材料，以培养语感、扩大知识面、提高阅读能力。毫不夸张地说，整篇高考英语试卷就是一份阅读材料。

因此，学生应该多做语篇练习，将语言的形式、意义和功能有机结合起来，逐步形成以语篇为中心的学习方式。语篇整体意识增强了，学生就不会再怀疑自己的写作和改错能力了。

2. 解题技巧

（1）听力

周国彪将高考英语听力试题考查要点归纳为：①考查学生对于对话主旨要义的理解。②考查学生获取对话中具体信息的能力：要求学生在听清、听懂信息的同时，还要对所听到的信息做简单的处理。③考查学生对于对话发生的背景、谈话人之间关系的推断能力。在这类题型里，选项中表示背景、对话者之间关系的词一般不会在对话中直接出现，学生需根据所听到的内容来进行正确判断。④考查学生对谈话人的观点、态度及意图的理解能力。这类试题不仅要求考生理解对话的主旨要义，而且还要通过听到的重要细节、具体事实，揣摩、推断出说话人的意图、观点和态度。也就是说，要求学生听出对话人的言外之意、弦外之音。

一般高考听力材料都融于情境之中，内容真实，发音清晰，语速正常，口语特征明显。测试重点放在理解上。在平时的听力训练中，学生要注意树立听力自信心，加强正常交际语速的适应性训练；克服听词不听句、听句不听文的不良习惯，树立文句意识，掌握大意，进入情境，综合判断。在具体听录音时要集中精力倾听，尤其是第一部分，谁能率先进入状态谁就占据了主动，把握了先机。周国彪将具体的解题技巧总结为：**树立信心，沉着冷静；快速浏览，预测考点；边听边记，强化记忆；抓关键词，捕捉主题；排除干扰，当机立断。**

（2）单项填空

高考单项填空题的立意不在语言形式上而在语义理解和语言应用上。试题表现出"三新"的特点：内容新、表达新、设问新。命题突出语境，强化语义，注重运用。具体考查方式和内容可以归纳为：在特定语境中准确运用词汇、语法知识和日常交际用语的能力。周国彪将单项填空的试题分为四个类型：

①语法形式型：通过判断正确的语法形式来考查语法能力；

②语义辨析型：通过辨析语言意义的差异性来考查语句能力；

③语法语义兼顾型：通过分辨不同的语法形式导致的意义差别来综合考查语法能力和语句能力；

④交际运用型：通过考查语言的交际功能来考查语用能力。

单项填空题要求学生具备扎实的基本功与良好的语言实践经验和语言意识。周国彪认为，解题时应注意全面审题，尊重语境，克服顾前不顾后或只顾结构和形式而不考虑语言意义和情境提示的思维习惯。他把解题技巧归纳为：**依据题中信息，将语句从前往后"串"和"猜"，进行科学推测；分清主次，化繁为简；排除汉语干扰，注意中英差异，明辨真伪，避免误选。**

（3）完形填空

高考完形填空考查的是学生对语言结构、语言知识的掌握情况以及对语篇的理解能力。所选短文多为夹叙夹议的小故事，篇幅稳定，结构完整，层次分明，逻辑性强。命题设问角度灵活，包括语法知识的掌握和运用、对语篇上下文逻辑意义的理解、在情境中对词义的辨析以及习语常识的运用等。

完形填空考点的层次分为：语篇层次（discourse）、句子层次（sentences）、词组层次（phrases）和单词层次（words）。其中，考查最多的是语篇层次和句子层次。同时，每个考点又以考查意义为重点，其次为惯用搭配因素和语法因素。很多考生感到难度大，失误率高。周国彪通过分析学生试卷和访谈，发现了以下失误原因：忽视上下文所提供的信息；没有掌握词义的细微差别；对有些固定搭配没有掌握或缺乏常识，受思维定式影响，生搬硬套；忽略句子间、段落间的逻辑关系，如转折、因果、递进等；忽略语篇首句。为了克服以上问题，必须注意"两通"，即：通读全文，通篇理解。"文中无闲句，句中无闲词"，学生要充分了解短文的内容，理解语意，体会语境，上下沟通。切忌急于求成，未通读全文忙于答题；切忌字斟句酌，徘徊不前，只抠字眼、语法，不顾文意；切忌断章取义，就题论题，不顾前后联系。周国彪推荐的解题技巧是：**细读首句，品味尾句；浏览全文，捕**

捉信息；先易后难，逐步完形；前后照应，左右逢源；复读全文，慎重调整。

(4) 阅读理解

高考阅读理解在选篇上具有很强的时效性、知识性、媒介性和服务性。在命题上既注重细节的理解，又重视整体的理解；既注重考查学生的语言知识和语言技能，又重视考查学生的学习策略。周国彪将高考阅读题的特点归纳为：

题材、体裁形式多样，选材原汁原味，长句、难句较多，生词量较大，注重语篇深层理解，知识面逐年拓宽。主要考查对全文主旨的领悟能力、内涵分析与逻辑理解能力、运用文化社会背景知识的能力、对词语在具体语境中的理解能力以及揣摩作者观点和意图的能力。语言运用的要求高，阅读量大，读速要求达到60词/分钟。

为了适应高考的要求，学生必须要解决两大难点：阅读的速度和理解的准确度。学生做阅读理解题时，要在读懂文章的基础上，处理好题干、选项与原文的关系。在历年的高考中，学生读懂了文章却做错了题的现象非常普遍。原因之一就是，高考阅读理解试题设置的干扰项往往与原文某个词或语句形式、结构上很相近，貌似合情合理，从意义上很难区分。在视觉和思维的双重干扰下，由于学生不熟悉相关的命题规律，不清楚干扰项只有回到原文的语篇中才能辨别，又不能全面认识答案与干扰项之间的关系，结果就陷入了试题设置的陷阱之中。

因此，学生在高考复习中需要学会有效利用命题规律，弄清楚正确选项与干扰项之间的关系，理清解题思路，在实践中加深体会。只有这样，才能逐步提高解题的正确率。为了帮助学生排除干扰项，周国彪将干扰答案分为三种类型：

① "误"：干扰项与文章内容相矛盾；

② "虚"：干扰项与文章主旨不矛盾，但在原文中找不到信息支撑点；

③ "偏"：干扰项在文中可以找到相关文字依据，但不符合题目的要求或者比原文有所夸大、缩小。

在三类干扰项中，"误"类干扰项较明显，而"虚"、"偏"型干扰项较有欺骗性，学生阅读不仔细时，就容易出错。这种分类为学生做选择题时提供了思考的依据。学生通过"误否（是否矛盾）"、"虚否（是否有依据）"、"偏否（是否以偏概全）"的三级思考来分析甄别每个选项。经过一级思考即可定论的干扰项，迅速排除；经过三级思考仍无法排除的选项往往是最佳选择。周国彪把高考阅读理解的解题技巧和应试策略归纳为：**静心阅读，先题后文，常识排谬，略读答题，跳读解难，复读定案。**

（5）英语写作

高考英语书面表达通常以图表、图画或文字等提示方式，给学生提供自由发挥的空间，考查学生的观察力、想象力以及遣词造句和组句成篇的能力，具有"看、写相融"、"形式与内容并重"的特点。评卷标准将词汇、句型的使用和文字的流畅优美作为定档、评分的主要依据，要求学生"能应用较多的语法结构和词汇"、"能有效使用语句间的连接成分"、"能使用较复杂的结构或较高级的词汇"。英语书面表达是语言知识的综合运用，一直是考生的薄弱环节。然而写作题占据高考英语试卷分值的20%，对英语总成绩有不可忽视的影响。手写答题、人工阅卷又对学生的英语书写提出了要求。所以，高考英语作文对教师和学生都是一项高难度的挑战。

周国彪将高考英语写作的具体要求总结为：主题突出，内容表达清楚，体现活跃的思维和清晰的逻辑；句式和词汇丰富，语法和用词准确；语篇连贯，交际得体。在下笔之前，学生应注重审题，明确文章整体内容和必须表达的内容，同时把要表达的内容和基本的词汇句型相联系。行文要清楚、紧凑，不写冗余内容。为了达到高考的要求，周国彪要求学生应注意以下几点：

①切中题意，切忌离题；
②中心明确，避免画蛇添足；
③文理通顺，语言流畅；
④言之得体，措辞有加；
⑤书写规范，卷面干净，忌"蚂蚁文"、草书、狂草。

"写"是一种综合能力，不可能一蹴而就，因此要注意过程性训练，循序渐进。教师先从基本词汇的积累和运用入手，强化基本句型和常用句型的训练。开始时先写简单句，重点练习写人、写物及写对话，力求表达地道、通顺、平易、得体，然后再逐渐过渡到写文章。学生尤其要学会运用过渡词汇和逻辑关联用语（linking words）。另外，平时训练还应注意两个问题。其一，语言规范，包括大小写和标点符号。教师要培养学生的校对能力，自我改正的次数多了，学生就会自然而然地注意句首字母大写和句号的问题。其二，写作速度。考纲给出的参考时间是 25 分钟，但周国彪通过调查发现，学生在高考现场写作的时间一般不足 20 分钟，所以练习的时限都应该在 20 分钟左右。同时，老师要帮助学生养成读报、写英文日记、背诵优秀范文的习惯。

近年来，高考英语书面表达常以图画、图表或中英文提示形式来提供情境，要求围绕这个情境写一篇叙事短文。周国彪认为，此类短文应该以时间、空间顺序展开为线索。时态通常选用现在时或过去时，在以过去时为主导的叙事中，常常以过去进行时描述背景信息，以一般过去时描述主要的事件。学生一旦选定某个时态之后，就不能在现在时和过去时之间频繁切换，而要保持时态的相对稳定性。

对于具体写作过程，周国彪建议用六步法："审、列、选、写、润、查"。

"审"即审题意、审要求，确定时态、人称，明确要求，捕捉要领，切中题意。

"列"即列要点、拉主线、定中心。

"选"即选词语、选句式、选好开头与结尾。

"写"即写好句子，尽量用自己最熟悉的词语或句型，直截了当，开门见山。遣词造句力争做到句式恰当、成分完整、句意清楚，然后联句成段。切忌生搬硬造汉语句式、使用没有把握的生僻词语。

"润"即润色加工，有效而恰当地使用连接词。流畅表达命题要求，尽力使短文连贯、紧凑、自然，以提升语篇层次。

"查"即查语感、语法、行文逻辑、习惯表达，改正包括拼写错误、标点错误在内的一些低级错误。检查的重点有：

①写作要点有无遗漏；
②句法、词法有无问题（时态、语态、人称、名词的数）；
③单词拼写有无错误；
④大小写、标点符号有无问题；
⑤字数是否符合要求。

此外，周国彪还提示给学生三个技巧：

第一，遣词造句，扬长避短。尽可能用自己已经学过的、读过的、听过的而且较熟悉的词语；要在使用动词、非谓语动词、副词、固定搭配、词组句型和词语活用等方面多下功夫；要熟悉并正确运用形成完整句子的五种基本框架结构，即：S＋V结构（主语＋谓语）、S＋V＋P结构（主语＋谓语＋表语）、S＋V＋O结构（主语＋谓语＋宾语）、S＋V＋IO＋DO结构（主语＋谓语＋间接宾语＋直接宾语）和S＋V＋O＋C结构（主语＋谓语＋宾语＋宾语补足语）。

要以句子为最小写作单位，并注意以下几点：
①句子结构完整，不要漏掉或添加成分；
②一个句子一个重心，句意清楚，合乎逻辑；
③正确使用动词的时态、语态和情态；
④主谓要一致；
⑤代词的格与名词的格要一致。

在写作过程中，要做到"用词有疑，另找替代"、"一法不成，另寻他途"，始终选用自己最熟悉的词语和句型以及自己最有把握的表达形式，注意扬长避短。

第二，句式有变化，长短相结合。适当变换句式，如强调句、倒装句、省略句、各类从句和固定句型等，使行文富于变化；长短句相结合，长句和短句交错使用，使行文富于节奏。

第三，组句成文，过渡自然。为使短文在整体上结构严谨，连贯通顺，一气呵成，应在句与句、段与段之间恰当使用一些过渡词。学生最好在平时就熟悉并掌握下面几类过渡词：

并列关系：and, as well as, also...
递进关系：besides, in addition, moreover, what's more...

转折关系：but, yet, however, although, otherwise, or, in spite of, despite, instead of, in the end...

时间顺序：while, when, soon after, before, afterward, finally, first, then, next, as soon as...

比较、对比：like, unlike, on the contrary, on the other hand...

总结：in a word, in general, in short, above all, after all, generally speaking...

进一步阐述：in other words, that is to say, for example, for instance, such as...

因果关系：as a result, so, thus, therefore...

综上所述，周国彪认为高考复习不能只立足于做题，教师在教学中应该处处注重语言的交际性、功能性和社会性。如果抽去语言的社会背景，让学生用大量时间学习孤立的语言知识，学习效果不仅差，而且还会加重学生的负担，使学生丧失学习的兴趣和信心。通过高考复习，教师应该让学生的思维活跃起来、视野开阔起来，帮助学生轻松、有效地备战高考。

三、小结：成为有魅力的英语教师

在梳理了周国彪丰富的教学思想和教学经验之后，我们不禁希望能对周国彪的榜样意义做个整体性的概括：年轻老师应该向周国彪学习什么？这个问题的潜在答案有很多：以学生为本、敬业精神、业务水平……然而，我们更愿意从与周国彪接触的亲身感受出发，把周国彪的教育实践与经验提炼为四个字：教师魅力。

多年前的学生在提起周国彪时都难掩内心的激动，周围的同事总向他投来敬佩的目光，和他有过短暂交往的人都会深深地被他的风采所吸引——无疑，周国彪的魅力十足。

"魅力"究竟是什么，很难一言以蔽之。也许，这正是"魅力"的所在吧。根据《现代汉语词典》的释义，"魅力"是"很能吸引人的力量"①。苏联教育家苏霍姆林斯基曾指出:"教师如果没有吸引力,他就不可能成为优秀的教育实践者。"从这个角度说,特级教师都应该是有魅力的教师。

教师魅力有多个侧面。周国彪展现了学识魅力、教学魅力、语言魅力、形象魅力。他渊博的知识、活泼的教学、生动的语言在前面都已有详细的说明,不再赘述。这里只谈一谈尚未提及的"形象魅力"。

周国彪在年轻时是公认的"帅哥"。从他留学古巴时的照片看,周国彪和明星佟大为很像。也许是上海男人的气质使然,无论是在什么场合,周国彪始终保持一丝不乱的发型和整洁得体的衣着。他一直注意锻炼身体、保持体型,现在虽已年届花甲,但看上去就像五十出头的人。在多年与同事的合影中,人们总能从人群中一眼认出"玉树临风"的周老师。他富有朝气的形象是个人魅力的重要组成部分。

年轻时的周国彪

当然,不是所有的老师都"天生丽质",但是每个老师都应该注意自己的形象。健康的身体和整洁的衣着都给教师带来学生的尊重,拉近师生的距离。据说,20世纪80年代初,著名作家和学者余秋雨是大学校园里最早穿牛仔裤的老师之一,他还动员了其他教授也穿上牛仔裤,人称"牛仔教授"。当时牛仔裤还只是在一些年轻人中流行,学生们对余秋雨的牛仔裤反应热烈,觉得这样的教师有年轻人的朝气,在精神上很容易沟通。北京师范大学的童庆炳教授是另一个通过衣着增添魅力的著名学者。虽然学富五车,童老师仍然非常注意自己在学生面前的形象。每次上课前,他都要沐浴更衣,换上新擦的皮鞋,就是为了让自己上课

---

① 中国社会科学院语言研究所词典编辑室. 现代汉语词典[M]. 6版. 北京:商务印书馆,2005:885.

时显得有精神。在《上课的感觉》一文中，他写道：

> 他（教师）的感觉中要有学生，他的感情中要有学生，他的想象中要有学生，他的理解中要有学生，他的思想中要有学生。必要的时候，他的装束，他的仪表，他的手势，他的微笑，他生命活动中的一切，都要以学生的需要为依归。我自己平时穿着是很随便的，但在上课的时候，我一定要穿上最漂亮的西装，系上最心爱的领带，把皮鞋擦个锃亮，不为别的，就是让学生看着舒服，让学生感到这位老师就是在穿衣这样的细小的事情上也是尊重他们的。我的几位当作家的学生描写对我的印象，毫无例外地都写到我的穿着。莫言、毕淑敏、迟子建、刘恪等学生都用诗意般的句子来描写我的穿着，甚至认为一位老师的穿着如何是能否获得学生"信任"的第一印象。其实，学生们不知道，我每次洗澡都是因为第二天有课，我觉得洗完澡之后，讲课时会平添几分精神。连洗澡也是为他们。[①]

童教授说得真好，注重仪表体现了教师对学生的尊重、对教学的敬重。他的这份尊重也换得了学生的欣赏和尊重。形象魅力增加了教师魅力的美学价值，是教师人格魅力的重要组成部分。

教师的魅力可以"使学生迅速产生认同感、增进学生的亲近感、提高学生的受教感"[②]。有优秀教师把教师人格魅力的作用概括为四个方面：第一，潜在的心理示范；第二，崇高的美学感召；第三，特殊的社会塑造；第四，无形的柔性管理。[③] 从对学生的影响来看，教师魅力也是学校"隐形课程"的重要组成部分。

孔子就十分注重运用魅力影响学生，"夫子循循然善诱人"，强调

[①] 童庆炳. 上课的感觉 [EB/OL]. [2010-05-15]. http://blog.sina.com.cn/s/blog_645958ab0100gd6q.html.
[②] 曲丽娜. 论教师的魅力 [J]. 吉林省教育学院学报，2006 (22)：29-31.
[③] 王宇航. 浅析教师人格魅力与师生沟通的关系 [J]. 高等工程教育研究，2005 (3)：24-27.

以施教的魅力去促使学生"既竭吾才"、"欲罢不能"。有日本学者在研究中发现,喜欢某位教师的小学生中有80%(中学生有75%)想成为像这位教师一样的人。在科尔(Cole)的调查中,喜欢某位教师的中学生中有60%喜欢这位教师所教的学科,并认为这一学科更有价值,在平时的学习中花费的时间更多。① 周国彪常说:"英语是一个容易让人感到枯燥的学科,所以英语老师要想方设法让学生爱学英语。"他的重要法宝就是自己的教师魅力。

有无独特的教师魅力是"好教师"与"特级教师"之间的差别之一,有无魅力教师是一般校和名校的差别之一。魅力是个人素质的综合体现,是内在美与外在美的结合。有魅力的教师必然是有个性的教师、令学生终生难忘的教师、把教学和人生提升到审美境界的教师。然而,魅力不是一朝一夕就可以练成的。有志于向周国彪学习的青年教师,应该从道德修养、学科知识、语言表达、教学能力、才艺爱好、仪容仪表等各方面入手,做一个"全面发展"的教师。

---

① 李如密. 教学美对学生发展的价值探析 [J]. 教育研究与实验, 2009 (4): 58-62.

师德：
捧着一颗心来，
不带半根草去

"教学做合一"的践行者——周国彪教育思想研究

> 道德是做人的根本。根本一坏,纵使你有一些学问和本领,也无甚用处。没有道德的人,学问和本领愈大,就能为非作恶愈大。
>
> ——陶行知①

周国彪认为做人做事做学问,首先是做人。"重师首先在师之自重"。教师是职业,更是事业。教师的职责是"千教万教,教人求真"。学生的职责是"千学万学,学做真人"。通过长期将陶行知教育教学理论与自己教学实践相结合,周国彪认识到师德不是用来高谈阔论的空洞理论,也不是偶尔为之的日常琐事,而是纵横结合的完整体系。周国彪认为师德有不同的境界。他始终虔诚地追求着陶行知先生"为一大事来,做一大事去"的**为师理想**;在为理想献身的感召下,他满怀"爱满天下"的**为师精神**;并在每天的实际教学中不断提升"以教人者教己"的**为师修养**;自觉践行"生活即教育,社会即学校,教学做合一"的教育思想。贯穿"为师理想"、"为师精神"、"为师修养"始终的是"诚"、"勤"、"实"三个"为师做人"的基本要求。

周国彪认为"诚"的本质就是"教人求真,学做真人"。对每一个学生都要信任、关爱、善待。同时,老师不能为了讨好学生,一味违心地表扬优点,忽视缺点,而是要帮助学生全面认识自己、了解自己、提升自己。

周国彪认为"勤"的本质就是"学而不厌,诲人不倦"。当教师、搞教学研究,首先要有一份爱心、一份责任、一种信念,然后是一种态度:每一项工作都要尽力,每一天时光都要珍惜。

周国彪认为"实"的本质就是"不搞花架子,不作秀"。课堂上的"实"表现为学生真正接纳了知识;教研组中的"实"表现为教师的成长进步;特级教师工作中的"实"表现为骨干教师的收获与提高。

下面结合师德的不同层面,详细解读周国彪始终坚持的"诚"、"勤"、"实"。

---

① 陶行知. 每天四问 [M]//陶行知. 陶行知全集:第四卷. 成都:四川教育出版社,1991:522-523.

一、为师理想：为一大事来，做一大事去

陶行知说："人生天地间，各自有禀赋；为一大事来，做一大事去。"[①]"大事"的内涵是什么，对于不同的人，有不同的答案。因为人生天地间，每个人的禀赋各有不同。若要做成大事，就要找到自己的禀赋所在。这个寻找和摸索的过程是痛苦的过程。周国彪在这个过程中经历了三次志向转变，最终把自己的"终身大事"定位于教育。

（一）诚：我的事业在中国

周国彪现在回看自己的职业发展，他认为教师就是真正属于自己的位置。他初站讲台，觉得教师岗位很平凡，但是现在他认为教师这个工作不简单，是他需要用一生为之服务的大事。这一大事可以概括为陶行知提出的十六个字——"千教万教教人求真，千学万学学做真人"。这十六个字主要强调一个"真"字，它的含义很广博，它在"德智体美劳全面发展"的基础上，还提出了"智仁勇和谐统一"的要求。陶行知的一生就是"智仁勇"三个字的最好注解。他把追求自然与社会的科学真理视为**大智**，这就是他"教人求真，学做真人"的思想；他把了解人民大众的生活，热爱人民大众、为人民大众服务视为**大仁**，这就是他"捧着一颗心来，不带半根草去"的为人民大众献身的精神；他把为民族和人民的解放和幸福而奋斗牺牲视为**大勇**，这就是他为人民、为国家"鞠躬尽瘁，死而后已"的大无畏精神。周国彪认为当好一个老师就要向陶行知的方向努力，要有行知的修养、行知的精神和行知的胸怀。

周国彪对事业的忠诚不仅表现在思想层面上，更表现在一次次艰

[①] 陶行知. 自勉并勉同志 [M]//陶行知. 陶行知全集：第七卷. 成都：四川教育出版社，1991：269.

难的抉择中。周国彪在美国做访问学者时，他的优异表现得到导师和访问学校的赞许。美方对他盛情挽留，并提出给予优厚的物质待遇和工作条件。这时，周国彪已经完全适应美国的生活与工作，留下必然衣食无忧，能够带领全家提前步入小康生活。面对这个巨大的诱惑，陶行知的两句话让周国彪下定决心，毅然回国。这两句话就是"人生天地间，各自有禀赋"和人生"为一大事来，做一大事去"。周国彪经过反复思考，认为他的禀赋就是教书育人。如果留在美国，他只能教中文，这并不是美国学生迫切需要的。而且明显的上海口音也会限制他在汉语教学方面的发展，很难有所作为，这不是他希望穷尽一生所追求的大事。如果回国继续教英语，他在美国的所学所思就能有用武之地，各种专长也能得到充分的施展。而且中国正处在改革开放的关键时刻，急需英语专业人才。由此，周国彪也联想到自己两次被国家选派出国留学的经历，他一直认为，自己的一切禀赋都是国家给予的，是党和国家使自己获得文化知识，懂得做人的道理。现在，国家需要他当好教师，教好外语，这正是自己应该为之奋斗一生的大事。明确自己的发展方向后，他婉言谢绝纽约州立大学的邀请，他说："我的事业在中国。"因为他清楚地知道，自己的禀赋是做一名好教师，自己的舞台就在中国，就在三尺讲台，自己终身追求的大事就是"千教万教教人求真，千学万学学做真人"。

现在不仅周国彪自己对教师职业充满热爱，连他以前许多留学古巴的老同学也对教师职业充满向往。同学中有人去了外事部门或者外贸部门，其中也不乏驻外使节。但是每次聚会时，同学们都很羡慕周国彪。他们说自己如今退休了，也就是回家颐养天年，独享自家的天伦之乐。但是周国彪不同，他桃李满天下，这些学生都是他的孩子、他的接班人。他们完成了周国彪一人无法完成的各种理想。而且周国彪本人也总结了很多行之有效的教学理论和方法，并将这些人生智慧的结晶留给学生、留给社会，这些都是最幸福、最值得羡慕的事情。

（二）勤：学而不厌，诲人不倦

陶行知十分赞赏孔子"学而不厌，诲人不倦"的精神，并一生身体力行。陶行知说："有些人做了几年教师便有倦意，原因固然很多，但主要的还是因为不好学，天天开留声机，唱旧片子，所以难免觉得疲倦起来。唯独学而不厌的人，才可以诲人不倦。要想做教师的人把岗位站得长久，必须使他们有机会一面教，一面学；教到老，学到老。当然，一位进步的教师，一定是越教越要学，越学越快乐。"[①] 陶行知的教诲无时无刻不在鞭策着周国彪的工作、学习与生活。

周国彪从教 40 多年，获得过不少夸奖，也遭到过不少非议。有人说他"刻苦"，有人说他"聪明"，有人说他"有灵性"，也有人说他"高傲"，还有人说他"幸运"。其实，他认为这些描述都不够准确。他觉得自己谈不上"聪明"，也谈不上"高傲"，最恰当的形容词应当是"勤奋"。三十多年他扎根学校，坚守教学第一线，刻苦勤奋，踏踏实实地实践教学、研究课堂，这一切使他所做的事情成果斐然。他坚信任何人只要肯把二三十年的生命用来做一件事，一定会有回报、会有成果。

勤奋让他有充实感，勤奋让他有成就感、自信心，甚至可以说勤奋使他找到了快乐。所以他能够坚持一辈子站讲台，38 年如一日，默默耕耘而不觉其苦。同时也正是勤奋成就了他的事业，使他在教育界赢得了地位。有人同情地说，周国彪不容易，付出了多大的代价！他会马上回答，勤奋其实不需要太大的毅力，他的勤奋完全是快乐使然。

教书育人没有一个绝对的量化标准，是一个无止境的事业，周国彪认为自己的思想观念、素养及本领与事业的要求之间存在一定的差距，所以要随时提醒自己不能懈怠，向深度迈进再迈进，向宽度开拓

[①] 陶行知. 教师自动进修 [M]//陶行知. 陶行知全集：第四卷. 成都：四川教育出版社，1991：654.

再开拓。他一直执着追求,从未把自己看成是一个单纯的教师,他是实实在在把教学当作一门学问来做,一直在探索适合中国外语教学的路子。致力于外语教学是他的心愿,而做一名学者型的教师则是他的奋斗目标。在他的心头总是铭记着陶行知的教诲:"做先生的,应该一面教一面学,并不是贩卖些知识来,就可以终身卖不尽的"[①],"好学是传染的,一人好学,可以染起许多人好学。就地位论,好学的教师最为重要。想要好的学生,须有好的先生。换句话说,要想学生好学,必须先生好学。唯有学而不厌的先生才能教出学而不厌的学生"[②]。

(三) 实:踏实任教数十载

周国彪从入职开始就一直坚守在一线教学,在三尺讲台上整整站了38个年头。当他在教师岗位上做出一定成就后,各种机会就纷至沓来。其间,他有从政的机会,有当公务员的机会,有在校外兼职的机会,等等。但是他都没有动心,他离不开他的学生、弟子。因为周国彪知道自己的禀赋不在行政,而在教学,自己的岗位在课堂。当教师过程中有艰苦,有磨炼,但是周国彪始终能坚持下来,就是因为他能从中找到欢乐。他喜爱外语课堂,关注课堂。他能将陶行知的教学思想与一线教学相结合,在实践中体验理论的精妙,在学习中反思实践的成败,这是教学相长、其乐无穷的事情。正如陶行知所说:"《论语》曰:'有朋自远方来,不亦乐乎?'非当日孔子言教育之快乐耶?孔子一生诲人不倦,至于发愤忘食,乐以忘忧,不知老之将至。现任教育者,无不视当教员为苦途,以其无名无利也。殊不知其在经济上固甚苦,而实有无限之乐含在其中。愚蒙者,我得而智慧之;幼小者,我

---

① 陶行知. 如何引导学生努力求学 [M]//陶行知. 陶行知全集:第八卷. 成都:四川教育出版社,1991:140.
② 陶行知. 教学合一 [M]//陶行知. 陶行知全集:第一卷. 成都:四川教育出版社,1991:23.

得而长大之；目视后进骎骎日上，皆我所造就者。其乐为何如耶！"①

二、为师精神：爱满天下

陶行知提出："真的教育是心心相印的活动，唯独从心里发出来的，才能打到心的深处。"②"你若把你的生命放在学生的生命里，把你和你的学生的生命放在大众的生命里，这才算是尽了教师的天职。"③

（一）诚：真正把学生当成主体

教育发展到今天，它要求教师具有奉献精神以外，还必须认识并尊重学生的主体地位，从而使教育教学的一切实际操作都能对学生的全面发展产生正效应。尊重学生的主体地位，意味着教师教学时不能把学生当成"知识袋"，意味着对学生要启发、诱导、训练，意味着教师要掌握青少年身心发展的特点和规律，体会他们的心理需求和学习中的甘苦，从而以一个十二分可信赖的引路人，以一个诚挚的大朋友的身份，领着他们攀上一个个知识点的制高点。

周国彪就是这样的老师，他坚持以学为本、因学论教，一切教学行为始终根据学生的思想动态、英语基础、兴趣爱好来确定；他十分在意学生的学习感受、学生的喜怒哀乐，以此来安排教学活动，同时又以自己的教法促进学生掌握学法，使学生由"学会"驶向"会学"的彼岸。

---

① 陶行知. 师范生应有之观念 [M]//陶行知. 陶行知全集：第一卷. 成都：四川教育出版社，1991：259.
② 陶行知. 这一年 [M]//陶行知. 陶行知全集：第二卷. 成都：四川教育出版社，1991：446.
③ 陶行知. 怎样做大众的教师 [M]//陶行知. 陶行知全集：第三卷. 成都：四川教育出版社，1991：452.

"教学做合一"的践行者——周国彪教育思想研究

陶行知提出:"人不同,则教的东西、教的方法、教的分量、教的次序都跟着不同了。我们要晓得受教的人在生长历程中之能力需要,然后才晓得要教他什么和怎样教他;晓得了要教他什么和怎样教他,然后才晓得如何去训练那教他的先生。"① 由此,周国彪悉心揣摩:呱呱坠地的孩子是在什么样的条件下学会母语的?是生活的需要?是逐渐地模仿?还是长辈的鼓励和循循善诱?小孩子在日常交流中会说"单词"了,会讲"短语"了,会讲故事了……那么,当他们学习第二外语的时候,不是更需要这样一些条件吗?外语教师应尽量给学生创造这样的条件。教师要营造学习时轻松愉悦的氛围,要对学生热情鼓励、循循善诱。只有当学生们喜欢外语这门课了,他们才能学好这门知识。

周国彪为学生们创造了这样的条件:每次上课,他都是面带笑容跨进教室,一声"Good morning"或"Hi"拉开一节课的序幕,使学生轻松地进入学习。他充分借助体态语言,如热情的目光、一颦一笑、点头或手势,配合着他那生动的讲解、巧妙的设问、幽默的评说感召着学生们在外语学习的天地中驰骋。周国彪很注意捕捉学生听、说、读、写过程中的闪光点,从不吝惜使用"good"或"wonderful"一类鼓励的言辞。即使学生在说的时候出了错误,只要不影响整体思想的表达,他绝不打断学生的思路。他把一些典型的错误记录下来,待到课堂总结时再集中讲解。

为给学生创设较充分的语言环境,多年来他坚持全程用英语授课,"逼"着学生逐渐习惯和适应用英语理解及思维。只要贴近学生的实际、学生的水平,只要一如既往地坚持,循序渐进,就必有成效。每句话说一遍后,若学生听不懂或听不全,他就会与学生互动说两遍、三遍……再辅之以丰富、生动的体态语言,直至学生们都听懂为止。这样做,教师在课堂上的劳动强度当然要大大增加,确实很辛苦,可学生们的听、说能力却大大提高了——在听说训练课上,师生十几人

---

① 陶行知. 中国师范教育建设论 [M]//陶行知. 陶行知全集:第一卷. 成都:四川教育出版社, 1991:91.

所说的汉语总共不到两三句。周国彪说:"这是我教学的基本点,用外语教外语,用教过的知识教新知识,让学生耳濡目染,提高水平。"

周国彪认为教师要有爱心,不能嫌弃学生。学生们都很聪明,他们的一双双眼睛时刻凝望着你。教师对他们是真心还是应付,学生很快就知道。教师要发自内心地尊重学生,绝对不能在任何地方、任何时候表现出看不起他。一旦你表露出半点对他的不尊重,那是对他最大的伤害,甚至可能是一辈子的阴影。

"诚"就是真正把学生当成主体,多一点人文关怀、多一点鼓励肯定、多一点启思启智,用发展的眼光看待学生,关注学生的差异及个性的发展。

(二)勤:兢兢业业教学生,呕心沥血带徒弟

周国彪的一位学生王蕾①得知即将出版一本关于周国彪的书,特意从海外写来一封信,描述她心中的周老师,从中我们可以从学生的视角解读周国彪的师德精神及对学生的影响。全文如下:

> 我于1986年考入北京市一七一中学,在此期间,周老师担任了我高中分班后的文科班二、三年级的英文老师。早在高一周老师接我们班之前,从同学中我就听说一七一有个讲课生动活泼、条理清晰的周老师,从高二成了周老师的学生后,我对此更是深有体会。无论是什么样的课文和语法点,经周老师的讲解就会变得浅显易懂,引人入胜。周老师虽然注重语法的学习,但是我从不记得他搞过什么题海战术,高三时,虽然有高考升学的压力,但是周老师从没有给我们布置过大量的课后作业,他更强调的是上课专心听讲,及时消化,有问题当堂解决,而周老师布置的习

---

① 王蕾,挪威奥斯陆大学教育学硕士,1999年至2005年任挪威卑尔根大学学院教育学系讲师,现任挪威教育部高等教育交流中心顾问,先后负责挪威政府配额奖学金、挪威语言文化在国外的教学等项目,现为挪威政府对外发展援助署硕士奖学金项目顾问。在挪威居住、工作期间多次担任各种中、挪、英笔译或口译工作。

题都是很有代表性的，让我们做完了可以举一反三。可以想象，周老师是花费了多少倍的时间备课，才能使我们高三这样有针对性地学习，节约了我们大量的时间。在后来的高考中，我们班的同学英语大多都取得了优异的成绩，这后面，是周老师多少的汗水。

在二十多年前我们上中学的那个年代，大多数的语言教学仅仅局限于死读书，死记硬背语法点。能够在课堂之外接触到的英文更是极其有限。早在那时，周老师就把他的授课内容不仅仅限于课本上的知识，而是针对我们周围所发生的各种时事扩大我们的英文词汇和知识面。我至今还记得，1988年汉城奥运会，周老师教会了我们"Seoul"这个词。周老师也很注重口语的学习，总是鼓励我们在课堂上大声地发言和念课文，使我们在学会运用语法的同时，没有成为"聋子和哑巴"，真正地掌握了用英文交流的能力。这一点在我后来出国后更是深有体会。多亏有了周老师当年的训练，我从到挪威第一天起，就能流利地用英文与当地人交流。特别值得一提的是，周老师自己一口漂亮的英文发音，也使我们受益匪浅，我们都知道，青少年学外语时的发音一旦形成，就很难再改，作为周老师的学生，我们的确是非常幸运，有周老师为我们打下了良好的语音基础。

由于我一直担任班上的英语课代表职务，和周老师接触也更多一些。给我留下最深刻印象的，还是周老师的师德。周老师虽然在那时就已经是"名声在外"的教师了，但是对我们学生总是非常耐心和蔼，从来没有任何的架子，平易近人。高中的学生说大不大，说小不小，有的时候也愿意给老师小小地捣捣乱，来一点"青春期反叛"。遇上这样的学生，周老师从来不会粗暴地训斥，而是耐心地好言好语地像对待朋友一样找其谈话。我记得自己有一段时间上课的时候总是不认真听课。周老师只是笑眯眯地说了一句："你上课怎么总走神呀？"到了高三以后，学习压力剧增，记得有时同学下午上课迟到，周老师从未批评过谁，而是一再嘱咐，天热了，又面对高考的压力，大家一定要注意休息。在一七一的几年中，无论遇上什么样的学生，我们从没有见过周老师发过一次火，训斥过一个学生。如果随便问问周老师教过的任何一个学生，没有一个学生会说害怕他，但是我们都从心底里尊敬他，我们从周老师那里感到的永远都是对学生的关怀和爱护。

俗话说，授人以鱼，不如授人以渔，周老师的学生从他那里得到的就是"渔"，而不仅仅是一些英文词汇和语法，而是一整套语言学习法。我来挪威之后，由于周老师为我打下良好的英文基础，对于挪威语的学习也是得心应手。在来挪威相对较短的时间内，就掌握了挪威文，并在学习以及工作的同时，为中挪政府间或文化交流活动担任翻译，其中包括江泽民主席1997年访问挪威，此外还为中挪的很多其他高级领导人，文化、商业组织访挪时担任过中、挪、英三国语言的口译，如来自中国的人大常委会副委员长、部长、省长、数位市长、中央电视台、中国企业家，以及挪威议会议长、部长、挪威船级社等。除了口译，我也做很多的笔译工作，其中包括政府公司文件、电视片、教育心理学专业文章等。

一名好的教师对学生的影响是非常深远的。周老师向我们展示的是一名优秀的教师所具备的所有优秀品质，既有扎实的业务能力，更有高尚的师德。周老师以身作则，告诉我们做一位好教师对学生可以产生怎样积极的影响，教师这个职业的真正意义所在。在报考大学时，我报考了师范院校的英语系。后来在我决定出国留学时，虽然大多数的人都选择了经济、计算机等容易就业的"热门"专业，我则选择了教育学专业，这和周老师的影响是分不开的。因为我相信，一名好的教师通过自己的工作，可以得到的回报是无法用金钱来衡量的。

到今天，我已经在挪威生活了近十八年，在海外的这些年中，我每次听到关于中国，尤其是关于中国教育方面的消息时，我都会想起一七一中学和周国彪老师，我也常常会骄傲地告诉我周围的挪威同学、朋友和同事，我在中国有过一位怎样的英文老师。

从这封信中，可以看到周国彪的辛勤付出为学生奠定了坚实的语

"教学做合一"的践行者——周国彪教育思想研究

言基础,使他们受益终身。为什么周国彪在辛苦工作中不以为苦,反以为乐,是因为他的心中有大爱,他没有将学生仅仅看作尚未成年的孩子,而是将学生视为祖国未来的建设者,他们的每一点进步,就意味着国家的进步。正如陶行知所说:"教师就是社会改造的领导者。在教师手里操着幼年人的命运,便操着民族和人类的命运。"①

作为特级教师工作室的主持人,他长年累月亲自带着一批又一批区内外、校内外中青年教师,立足课堂、研究课堂、关注学生、研究学法、注重课堂实践,抓落实,抓效益,把工作重点放在课堂教学实践的研究上。他十分重视工作室成员的教学引领和示范作用。全部成员的所有课无条件对外开放,课表挂在网上。他身先士卒,走进教室,走近学生,深入课堂,通过听课、备课、做课、说课、评课、座谈、研讨,积极组织和参与教学上的"传帮带";走出去、请进来,以此对教学观念、教学行为以及由此所产生的结果进行审视、分析、探讨和研究,优化教学过程,更新教与学的方式,不断升华教育教学理念和提高解决教学情境中存在问题的实践能力,在实践中锻炼,在实践中提高,促使创新研究型骨干教师团队逐步成长、成熟。几年中,他工

勤勤恳恳地工作

---

① 陶行知.地方教育与乡村改造[M]//陶行知.陶行知全集:第二卷.成都:四川教育出版社,1991:436.

作室的团队中已经涌现出北京市学科带头人一人、北京市骨干教师三人,先后十二人承担学校英语教研组组长工作;一名教师调任区研修中心教研员,一名教师调任北京市基教中心英语教研员;多名工作室团队的教师在全国、全市各类教师教学大赛中获得一、二等奖,充分发挥了优秀教师的示范引领及辐射作用。

临近退休,周国彪心血管健康状况不好,曾因高血压、高血脂而两次住院治疗。考虑到周国彪主持英语名师工作室的繁重教师培训任务,学校有意减轻他的日常课堂教学负担,提出让他不上讲台。但他执意站好最后一班岗,坚持不满60周岁决不下讲台。

"勤"在周国彪身上的体现就是"兢兢业业教学生,呕心沥血带徒弟"。作为教师,他深感责任和义务,认真践行陶行知的教导:"教师必须力求长进。好的学生在学问和修养上,每每欢喜和教师赛跑。后生可畏,正是此意。我们极愿意学生能有一天跑在我们前头,这是我们对于后辈应有之希望。学术的进化在此。但我们却不能懈怠,不能放松,一定要鞭策自己,努力跑在学生前头引导学生,这是我们应有的责任。师道之可敬在此。所以我们要一面教,一面学。"①

(三)实:时刻问自己"学生能接受吗?"

陶行知说:"教学要合一,有三个理由:第一,先生的责任不在教,而在教学,而在教学生学。第二,教的法子必须根于学的法子。第三,先生不但要拿他教的法子和学生学的法子联络,并须和他自己的学问联络起来。"② 周国彪将这句话具体化为一根弦,就是教师在教学过程中,脑海中始终要有"是否对学生有效"这根弦。从教学内容上看,中学教材中的知识点对于英语老师来说应该是耳熟能详的内容,教师不应该有知识的难点,教师的难点在于怎样将这些知识点传递给

---

① 陶行知. 南京安徽公学办学旨趣 [M]//陶行知. 陶行知全集:第一卷. 成都:四川教育出版社,1991:43.
② 陶行知. 教学合一 [M]//陶行知. 陶行知全集:第一卷. 成都:四川教育出版社,1991:21.

学生，变成学生能够接受而且愿意接受的内容，进而提高语言交流的能力。这就要求"教"始终服从于"学"。

周国彪在评课时，最常问的一个问题就是："学生能接受吗？"他常说："有些老师备课很辛苦，备课内容也很丰富，但是就缺少一点，没有学生意识。新课程主张：教学是教师的教与学生的学的统一。这种统一的实质是交往、互动。这就要求师生之间、学生之间呈现一种相互交流、相互沟通、相互启发、相互补充的关系，大家分享彼此的思考、经验和知识，交流彼此的情感、体验与观念，构建人人参与、平等对话的局面，实现教学相长的共同发展。"

周国彪认为"实"的检验标准就是"时刻问自己'学生能接受吗'"，这是评价一个教师的教学能力和各方面表现的一个不可或缺的重要环节，就是对学生的了解，就是因学论教的问题，这是我们当老师至关重要的教学理念。实际上这也就是教师的眼里要始终有学生。教师必须时时事事关注班中每一个学生，关注学生的整个学习过程，关注学生的学习方式，关注学生最终的学习效果。

三、为师修养：以教人者教己，在劳力上劳心

陶行知非常强调为人师表的重要性，在他的讲话和著作中，经常会出现要求教师自己以身作则的词语，"以教人者教己、在劳力中劳心"[①] 就是其中之一。陶行知认为："教师的人格影响于学生和乡村人民很大。"[②] 对于学生来说，教师的行为、气质、谈吐、举止、衣着、仪表等，都是学生的表率，都是影响和教育学生的工具和手段。教师稍不检点，就会对学生产生不良影响；反之，如果教师注意"从我做起"，往往就会起到意想不到的效果。

---

① 陶行知. 对联 [M]//陶行知. 陶行知全集：第七卷. 成都：四川教育出版社，1991：1170.

② 陶行知. 中国乡村教育运动之一斑 [M]//陶行知. 陶行知全集：第二卷. 成都：四川教育出版社，1991：361.

（一）诚：宁为真白丁，不做假秀才

"宁为真白丁，不做假秀才"出自清代大学者颜元。他 16 岁时，祖父想用行贿的办法给他买个秀才头衔。可是颜元不但不领情，反而大哭大闹，以绝食表示"抗议"，说出了"宁为真白丁，不做假秀才"的警世之言。陶行知常常在文章、书信、演说中引用这句话，告诫后辈做人要做真人，不做假人，不办假事，不蒙骗别人。他勉励学生：我们处在任何环境里面，必抱有坚强人格，不可自动动摇，尤其到了生死关头，要有"富贵不能淫，贫贱不能移，威武不能屈"的气概。这才算得上一个真正的大丈夫，真正的国民。

周国彪已将"宁为真白丁，不做假秀才"内化为自己的人生准则。当他从西班牙语教师转为英语教师时，他不会满足于已有的西班牙语专业的本科学历证书，而是认真地去北京教育学院重新攻读英语教育专业，认真系统地学习英语学科教育教学的特色理论与方法；当很多人提倡"重交际轻语法"的时候，他明确指出"语法教学不应该弱化，而应该优化"，并想方设法"花言巧语"讲语法，使语法变得有趣而生动，从而引发学生学习语法的兴趣；当大多数教师都在教学中使用 PPT 时，他却忧虑地将播放 PPT 称为"拉洋片"，听、说、读、写全被看屏幕替代了，这是退步，不是进步。他反复强调板书应该是教学评价的重要指标之一……他遇到任何事物都有自己的分析和判断，真的就是真的，假的就是假的。他决不会人云亦云，也从不跟风。

（二）勤：教师好好学习，学生天天向上

陶行知先生说："大众是长进得很快的，教师必须不断地长进，才能教大众。一个不长进的人，不配教人，不能教人，也不高兴教人

的。"① 周国彪把陶行知的话牢记在心里，实实在在地把教学当成一门学问来做。他认为"教书就得实实在在做学问，为师，应当兢兢业业成学者"。他常对别人说："教师教得好，学生才能学得好；学生学得好，才能证明教师教书有方。"

周国彪对毛泽东主席"好好学习、天天向上"的语录给出了他的新注解，即"教师好好学习，学生天天向上"。做教师的人，必须天天学习，天天进行再教育，才能有教育之乐而无教育之苦。只有教师好好学习，学生才能天天向上。好学是传染的，一人好学，可以感染起许多人好学。就地位论，好学的教师最为重要。想有好学的学生，须有好学的先生。换句话说，要想学生好学，必须先生好学。唯有学而不厌的先生才能教出学而不厌的学生。

周国彪的成功来源于积极进取和不懈追求。在语言专业方面，周国彪20世纪60年代就拥有国外大学本科学历，但80年代他又主动报考北京教育学院高等师范专业，90年代又被国家教委公派美国做访问学者，他系统深入地进行了多国语言比较教育的研究。这些都是为了弥补他自己在英语语言教育方面的不足，最终奠定了他厚实的语言学及语言教学的基础。

在课堂教学实践方面，他牢牢把握住三个环节：课前反思、课中反思、课后反思，环环相扣，绝不疏忽大意。**课前反思**，备学生、备教材、备教法。贴近学生实际，符合学生心理特点，超前做好充分预设，增强课堂教学的**合理性和预见性**。**课中反思**，注重执教过程中的师生关系、教学互动、教学机智，增强课堂教学的**针对性和有效性**。强调执教过程中时时体察学生的学习状况和课堂中出现的问题，并及时调整自己的教学节奏和教学行为，以保障课堂教学能够高质有效地顺利进行，增强课堂教学的针对性和实效性，反思组织教学的严谨性、教学语言的艺术性、教学方法的灵活性、教学过程的情感性、教学手段的策略性。**课后反思**，反思得失、反思疑难、反思创新，增强课堂

---

① 陶行知. 中国大众教育概论［M］//陶行知. 陶行知全集：第三卷. 成都：四川教育出版社，1991：441.

教学的**发展性和生成性**。强调从新课导入、课堂氛围、学生思维、教学手段、板书设计等多方面通盘考虑，全面反思。反思"出彩之举"，反思"败笔之处"，反思"再教设想"，拓宽教学思路，积累教学灵感，并及时加以记录，使之成为日后教学的借鉴和参考。

（三）实：甘为"人中人"

1924年，陶行知在《南京安徽公学办学旨趣》中提出"我们不但是物质环境当中的人，并且是人中人"。在解释什么是"人中人"时，他吸取了传统文化中的精华，强调"不做人上人，不做人下人，不做人外人，要做人中人"。"不做人上人"即不要自负，"不做人下人"即不要自卑，"不做人外人"即不要自闭，"要做人中人"即要自信。

周国彪的教学能力和教学成果享誉北京市、区基础英语教育界。社会民办教育机构多方盛情高薪聘请他出山讲课、办讲座。面对各种名利的诱惑，周国彪保持着极其冷静的头脑和平稳的心态，他从不张扬，一贯保持低调。他一次又一次婉言谢绝外单位的聘请，始终扎根学校，扎根他的英语工作室，踏踏实实地做人，认认真真地做事。一提起这些他总是坦然地说："一个人的精力毕竟有限。我有我的本职工作，我有我所了解的自己的学校、学生和老师。他们需要我，我也离不开他们。我觉得平平淡淡挺好的，我有很多工作要做，我很充实，我很知足。应该说是陶行知的人格魅力深深触动着我。陶行知当年放弃优厚待遇，脱去西装革履，穿上布衣草鞋，与牛大哥做朋友，下乡为农民办教育。一个大学者、留洋博士，却理直气壮地做'傻瓜'，还以'傻瓜'为题，写了首诗：傻瓜种瓜，种出傻瓜。唯有傻瓜，救得中华。相比之下我又算得了什么呢！"

周国彪为了自己心爱的事业默默耕耘着。各种荣誉也接踵而来。1992年，被东城区政府评为优秀教育工作者；1995年，被国家教委及人事部评为全国优秀教师；同年，还被评为北京市优秀教师；1996年，又被东城区政府评为东城区十佳模范教师；2001年，被评为北京市特级教师；2002年被评为北京市东城区有突出贡献的优秀知识分子；2003年至2012年连续9年被评为一七一中学功勋教师；1998年至

2008 年，被推荐为北京市第九、十届政协委员。这是人民对他的肯定。

"学高为师，身正为范"这八个笔锋硬朗的字篆刻在一七一中学墙上，红得耀眼。让人不由得想起闻一多先生在《红烛·诗序》中写到的："请将你的脂膏，不息地流向人间，培出慰藉底花，结成快乐的果子。"

四、小结：成为坚持每天"四问"的教师

周国彪一直坚持着陶行知提出的"每天四问"[①]：

第一问：我的身体有没有进步？
第二问：我的学问有没有进步？
第三问：我的工作有没有进步？
第四问：我的道德有没有进步？

（一）第一问：我的身体有没有进步

周国彪认为，四问中之所以以"**我的身体有没有进步**"为第一问，是因为"健康第一"。提及健康，就不由让人联想到一个颇有哲学意味的话题——"0 和 1"的关系：0 本来是什么也没有的，可一旦在前面加了 1，就变得无穷大起来：10→100→1000→10000…因为有了 1，0 不再是 0；而如果没有了这个 1，任再添加多少个 0，也仍然还是 0，什么也没有。而对于一个人来说，这个 1 就是健康。怎样才能保持我们的健康？要做到三点：**第一，"科学的观察与诊断"**。当我们遇到疾病，可能会走两个极端，一个极端是认为小病无碍，自己随便吃点药。另一个极端是盲目信任所谓的"专家"。这两种都是非常危险的，对待疾病一定要有科学的依据，才不会因误诊而损害身体。**第二，"饮食的调**

[①] 陶行知. 每天四问 [M]//陶行知. 陶行知全集：第四卷. 成都：四川教育出版社，1991：522 – 523.

节与改进"。现代生活，饮食水平提高了，同时生活压力也加大了，很多人患上"富贵病"，要保持身体健康，一定要"管住嘴，迈开腿"，改善饮食，加强运动，珍重身体健康。**第三，"预防疲劳的休息"**。"饱食终日，无所用心"，固然不对，但是过分紧张焦虑，过分高强度工作，也会损害身体健康，甚至会造成"过劳死"！适当的休息，是健身的主要秘诀之一，千万不可忽略。

周国彪对这第一问深有感触。周国彪青年时期身体很好，在巨大的工作压力下，他没有注意饮食与运动，造成血压高、血脂高，甚至住院两次，险些造成生命危险。通过学习"四问"，周国彪深切认识到健康的重要性，从此，加强锻炼，控制饮食，定期服药，注意休息。经过一段时间的修养，他又恢复了健康的体魄，借用广告词就是"六十岁的人，有一颗三十岁的心脏"。

（二）第二问：我的学问有没有进步

第二问之所以是**"我的学问有没有进步"**，是因为"学问是一切前进的活力的源泉"。学问怎样能够进步？关键在于研究方法。**陶行知认为这个方法可以概括为五个字：第一是"一"字**。"一"是"专一"的"一"。荀子说："好一则博。"我们对于一件事物能够专心一意地研究下去，必然能有豁然贯通之时。所以教师要选择一个课题、一个理论进行研究，即使是一个很小的问题，也可以研究出很深刻、很渊博的道理。这可以使自己和学生都得到益处，而且可能会有大的贡献。**第二是"集"字**。"集"是"搜集"的"集"。我们研究学问有了中心题目，便要多多搜集材料；要将上下古今、左右中外、前前后后、四面八方的资料搜集在一起，好细细研究。我们有了丰富的材料，便可以原原本本地彻彻底底地来研究它一个明明白白，才能够真正理解这个问题的症结所在，才能够"迎刃而解"，才能够收得"水到渠成"的效力。**第三是"钻"字**。"钻"是"钻进去"的"钻"，就是"深入"的意思。钻是要费很大的力量，才能够钻得进去，深入到里面去，探获学问的根源奥妙与诀窍，钻出一大套道理来，使学术气氛有着飞跃的进步。**第四是"剖"字**。"剖"是"解剖"的"剖",就是"分析"的意思。有些材料钻进去还不够,必须解剖出来看它的真伪,是有用的还是有毒素的?以便取舍,清化运用。**第五是"韧"字**。"韧"是坚韧,即是鲁迅先生所主张的"韧性战斗"的"韧"。做学问是一种长期的战斗工作,所以必须有韧性战斗的精神,才能够在长期战斗中战胜许许多多困难,化除种种障碍,开辟出一条新的道路,走入新的境界。我们每一个人,能把"一"、"集"、"钻"、"剖"、"韧"五个字做到了,在做学问上一定有豁然贯通之日,于己、于人、于社会都有贡献。

周国彪在学习陶行知"教学做合一"的基础上,借助"一"、"集"、"钻"、"剖"、"韧"五字研究法,逐渐形成自己的教学理念与教学风格,表现为四个方面:①善于寻找语言材料与生活的结合点,使语言与文化同步,使语言教学在内容和情感两个层面实现最佳结合。②善于营造学习语言的环境,重视学生语言情感的培养,坚持课堂教学全程英语化,引导学生用英语思维,训练学生用英语交际。③善于通过多种语言实践活动发展学生的观察、识记、想象和创造能力。④实施"任务型"学习。把"任务"交给学生,让学生自主选题,自愿结合,分工合作。每个学生在语言实践中都有事可做,有话可说,这就激发了学生积极参与和创造的欲望,使不同水平的学生都有大幅度的提高。

(三) 第三问:我的工作有没有进步

第三问之所以是**"我的工作有没有进步"**,是因为工作的好坏对我们生活学习的影响都是很大的。**陶行知认为在工作中要牢记三个要点:第一,要"站岗位"**。各人所负的责任不同,各人有各人的岗位,各人应该站在自己的岗位上,守牢自己的岗位,在本岗位上努力,把本岗位的职务做好,这是尽责任的第一步。周国彪非常认同陶行知的说法,并认为人人应该有"站岗位"的意识,应当在自己的工作岗位上站牢,教育自己知责任、明责任、负责任——教育着自己进步。**第二,要"敏捷正确"**。人常说,做事要敏捷,但只有敏捷是远远不够的,不能因敏捷而迷失了方向。所以敏捷之后必须加上"正确"二字,工作敏捷而正确才有效力。一件工作在别人做起来需要四小时,你只要两小时或三小时就做好了,而且做得很正确,这才算是工作的效力。工作怎样能够做得敏捷正确呢?这就要靠熟练与精细。粗心大意,是最易弄错、弄坏事情的。做事要像做算术的演算一样,要演得快演得正确。

第三,要"做好为止"。有些人做事,有起头无煞尾,做东丢西,做西丢东,不是一事无成,就是半途而废。我们做事要按照计划,依限完成,必须凭着毅力坚持,一直到做好为止。

通过不断进行"工作有没有进步"的自问过程,周国彪形成了"我们不落后,但我们要奋斗"的工作信念,形成了"以人为本、以学为本、因学论教、教学做合一"的教学理念,形成了"穷究于理、成就于工"的治学态度,形成了"以学生为主体、以主题为线索、以活动为中心"的教学模式,形成了"教师启动、师生互动、学生主动"的教学策略,乃至最终与学生、与教研组成员、与工作室成员形成了"学习共同体"。

(四) 第四问:我的道德有没有进步

周国彪认为陶行知将"**我的道德有没有进步**"作为第四问,并不是说它不重要,恰恰相反,而是认为它最重要,因为道德是做人的根本。根本一坏,纵然你有一些学问和本领,也无甚用处。甚至,没有道德的人,学问和本领愈大,就能为非作恶愈大。道德是"人格长城"的基础,这里所说的"**道德**"有"**公德**"和"**私德**"之分。先说"**公德**"。一个集体能不能稳固、是否可以兴盛起来,就要看每一个集体的组成分子,能不能顾到公德、卫护公德。如果一个集体的组成分子,人人以公德为前提,注意着自己的每一个行动,则这个集体必然日益稳固、日益兴盛起来。否则,多数人只顾个人私利、不顾集体利益,则这个集体的基础必然动摇,并且一定是要衰败下去的!要不然,就只有把这些不顾公德的分子清除出这个集体,这个集体才有产生新生机的希望。所以我们在每一个行动上,都要问一问是否妨害了公德、是否有助于公德。若是妨害公德的,没有做的即下定决心不做;已经开始做的,立刻停止不做。若是有助于公德的,大家齐心全力来助他成功。**再说"私德"**。私德不讲究的人,每每就是成为妨害公德的人,所以一个人私德更是要紧,私德更是公德的根本。私德最重要的是"廉洁"。一切坏心术、坏行为,都由不廉洁而起。我们每个人都把自己的私德建立起来,把"人格长城"建筑起来。由私德的健全,而扩大公德的效用,来为集体谋利益。

周国彪始终恪守"千教万教教人求真,千学万学学做真人"的师德准则。在公德方面,周国彪对教研组全体教师提出"博大精深、恪尽职守、治学严谨、勇于实践"的要求,并率先垂范。在"私德"方面,他从不接"家教"或"走穴式"讲学邀请,不贪图名利,严守自己的"人格长城"。

影响力：
天天是创造之时，
处处是创造之地，
人人是创造之人

"教学做合一"的践行者——周国彪教育思想研究

陶行知提出"我们就是要在平凡上造出不平凡；在单调上造出不单调"①。一个好教师，不仅要自己能够有建树，能创造，还要带领周围人一起建功立业，一起创造。对于学生来说，周国彪是个好导演，他能把每堂英语课导成一台好戏，他能充分调动学生的积极性，让每个学生都能找到展示、演绎自己才能的舞台。对于青年教师来说，周国彪是个好的领路人，不辞辛苦带领老师们一起做课、做研究。每当学生和青年教师创造出新成就的时候，周国彪都感受到"先生之最大的快乐，是创造出值得自己崇拜的学生"②。与此同时，周国彪时刻谨记"教育者也要创造值得自己崇拜之创造理论和创造技术"③，在带领老师们一起做研究过程中，作为学者的周国彪，先后撰写数十篇高质量教学论文，让更多人领悟"教学做合一"的精髓，进一步扩大了社会影响力。随着社会知名度越来越高，周国彪担任了北京市政协委员等社会责任。此时，作为群众代言人的周国彪，积极参政议政，献计出力，为创造百姓更美好的生活而努力。无论是导演周国彪、领路人周国彪、学者周国彪还是代言人周国彪，他无时无刻不在为美好的生活而创造、而行动，同时带领大家一起创造、一起行动。正如陶行知在《创造宣言》中所说"天天是创造之时，处处是创造之地，人人是创造之人"④。

一、导演周国彪

说周国彪是导演，绝不为过。在他眼中，上英语课就好像是演一台戏，教师必须是成功的导演。他的工作就是要调动学生充分发挥、演绎。

---

① 陶行知. 创造宣言［M］. 陶行知. 陶行知文集：下册. 南京：江苏教育出版社，2008：892.
② 同①，第891页.
③ 同①.
④ 同①，第893页.

影响力:天天是创造之时,处处是创造之地,人人是创造之人

(一) 教师如导演

教师如导演,要通过语言、肢体、表情等各种方式来调动学生的情绪。周国彪是个有激情的导演。他主张课上老师要动起来,用自己的情绪带动学生。无论课下他有什么病痛和烦恼,只要站在讲台上,就一定是眉飞色舞、手舞足蹈。

听过周国彪英语课的老师介绍说:"周老师一走进课堂,一声'hello, guys'或'Hello'拉开一节课的序幕,氛围似乎一下子就轻松起来。他的体态语言极其丰富:热情的目光、变换的手势、自然的微笑,时不时地点头或摇头,他用这些营造与学生交流的氛围。他通过精心创设的情境、全英语讲授,引导学生置身于语言实践的环境;他通过巧妙的设问,调动学生表达的欲望;他通过幽默的评说,吸引学生放松地表达自己。在他的课堂上,最常听到的是'good'或'wonderful'这类鼓励的词语。即使学生的表达出现错误,只要不影响整体思想的表达,他绝不打断,只把典型的错误记录下来,待到课堂总结时再集中讲解。在课堂这个舞台上,他要让学生充分体会到做主角的快乐。"

第一批学习西班牙语的学生回忆说:"最初对周老师最深的印象就是帅!永远那么挺拔,穿得那么得体,让人眼光不由自主追着他走。如果换成一个邋里邋遢的老师,效果肯定差很多。逐渐接触以后的印象就是服!当时留学归国人员很少,他的西班牙语很纯正,一开口大家就服气。而且他不仅英语好,我们遇到数学和物理难题也都愿意向他请教,他比那些科的老师讲得还生动有趣。什么事情经他一讲,就特别生动有趣、好理解、不爱忘,他真是文理全才。"

跟随周国彪学习三年英语的学生方力说:"我是北京一七一中学八九级高中毕业生。距离毕业二十多年了。许多学生时代发生的事情已经变得越来越模糊,而高中时代的英语课却让我一直记忆犹新。从初一开始学英语以来,一般的英语老师除了带同学们朗读课文,基本都用中文给大家讲解语法点、字词和词组的意思,学生多数时间是在听讲和抄笔记。所以那时候的学生多是哑巴英语,除了阅读和做题,基本上很难开口表达,听力也很难提高。那时候对英语课的印象就是抄笔记、做题、看语法书还有背课文。周老师是1988—1989年我们班的英语老师,自从周老师教英语以来,我忽然发现英语是那么有意思。周老师在课上用他纯正的英语给我们讲课。除了课文内容以外,经常还给我们'加小灶',比如经常给我们设计些小的生活场景会话,调动起同学们自己编对话、在课堂上表达的积极性,在同学们对话的过程中纠正发音和语法的错误,课堂气氛活跃了,'犯了错误的同学'能够更深刻地记住那些正确的知识点和表达方式。"

(二) 学生如演员

学生如演员,不同的情境,需要不同个性的学生来发挥;不同难度的问题,需要不同层次的学生来回答。周国彪每接一个班级,都要"备学生",力求让每一位学生在课堂上最大限度地各有所得。正如周国彪的一位学生所说:

> 周老师不仅教学形式新颖活泼,而且对学生也是关心、耐心。在我的印象中周老师永远面带微笑,课间和课后总是被同学们围住问问题,认真地倾听、耐心地解答,为此牺牲了不少休息时间,甚至课间来不及喝水。

(三) 课本如剧本

课本如同剧本,他的工作室要用最生动的方式,让每一个学生学透课文,运用它而不拘泥于它。所以,联系生活实际,尽力寻找语言材料与生活的结合点,用生动的语言和灵活的方式让学生吃透课本,充分利用"一词多义"、"一义多词"、"一句多型",引导学生将语言用到生活中,将文化融于语言之中,这一直是周国彪在课堂上着力去做的。他采取"以点带面"的学习方式,依靠教材但不固守教材,抛开教材进而返回教材,最终激活教材。周国彪说:"教材不是'圣经',

它是发展的和开放的,要让教材服务于学生,而不是让学生适应教材。""以人为本、以学为本、因学论教、教学做合一"——周国彪正是这一教学理念不折不扣的实践者。正如周国彪的学生所回忆的:

> 教西班牙语时他和我们年龄比较相近,我们就是边唱边跳边学语言的。现在我们这些同学都已人到中年,但是聚会时,我们依然能一起合唱当年学习的西班牙语歌曲,在热烈的气氛中,大家仿佛又回到青少年时代。
> 让我记忆深刻的是周老师还经常给我们"讲时事"。比如正在发生的大事件的英文表达,1988 年汉城奥运会,我们知道了"olympic games"、"Seoul",还有一些体育比赛的名称,就此让我们又温习了所有学习过的和体育有关的词汇。那时候改革开放是个热门话题,从周老师这里我们学到了"reform"、"open-door policy"这些和生活息息相关的词。
> 周老师有时还会将 VOA 的一些时事新闻录音下来给我们播放,锻炼我们的听力,还挑出其中重要的语法点和常见的口语表达方式来让我们学习、模仿。有时候还会给我们讲几个英语的笑话。课堂气氛总是活跃轻松,连最不爱学习的同学也被这种课堂气氛感染而融入其中。
> 周老师教学中独特的一点是强调英语学习不仅是学习语言,更重要的是学习了解英语国家的文化。他在讲课的同时经常讲起他留学时的一些经历和趣闻,还有其他国家的风俗习惯。我们都听得津津有味。

(四) 星光璀璨

周国彪的学生们一届一届升入高等学府,又一批一批走入社会。其中很多人都已经在自己的岗位上取得了非凡的成就,而他们在英语方面的出色表现更是令人瞩目。北京广播电台《追踪新世纪》节目对

"教学做合一"的践行者——周国彪教育思想研究

周国彪进行了专题采访，他昔日的学生们都激动地说，如果没有周国彪老师在中学为他们打下坚实的外语基础，就没有他们的今天。正是因为让学生体验到学习的乐趣，因此他能培养出一批英语人才。

1. "找到周老师我的中学同学就全能找到了"

丁咏梅是周国彪教的20世纪80年代的学生，她已经出国生活多年，但每次回国都要特意看望周国彪老师。谈到周老师，她说：

> 现在对周国彪老师的感觉就是亲！我在海外十几年，经常有联系不到的同学。但是有一件事情是很肯定的，我只要找到周老师，我的中学同学就全能找到了，我很自信。别瞧他只当过我们一年班主任，但是他有一种凝聚力，无论同学们走到哪里，都会跟他保持联系。

2. "我的英语是在一七一学的"

王蕾是周国彪1989届的学生，英语能力出类拔萃。毕业后考入首都师范大学，后赴澳大利亚、挪威留学，现任挪威外交部首席翻译。1997年，江泽民访问挪威时任主翻译。她的语言应变力得到中方、外方领导的一致称赞。当被问及她英语是在哪里学的时，她十分自豪地回答："我的英语是在一七一中学打下的基础。我赶上了好老师，我发自内心地感谢我的英语老师周老师。"

周国彪的另一个学生戚悦毕业后进入北京语言大学学习仅一年，就参加全国第六届"21世纪杯"大学生英语演讲比赛，一举夺得全国第一名，引起专家、评委及媒体的普遍关注。当得知她刚上大一时，专家们很吃惊，就问她英语是在哪里学的。戚悦的回答是相同的："我是在一七一中学学的。我的英语老师是周国彪，周老师。"戚悦获奖后，在赴英国伦敦之前，她妈妈专程陪着戚悦来学校感谢母校、感谢周老师多年的精心培养。

影响力：天天是创造之时，处处是创造之地，人人是创造之人

学生戚悦获奖留影

3. "我的英语是周国彪老师教的"

1986届学生吴晓东也是周国彪的得意门生。她通过国家教委的英语考核，赴美参加了为期3个月的瑞克奥尔复令营。她的英语水平受到美方老师的称赞和记者们的注意。当记者问她是在哪里学的英语时，吴晓东自豪地回答道："我是在中国北京学的外语，是周国彪老师教的。"

学生吴晓东获奖留影

二、学者周国彪

在学校，周国彪的学生都说他是学者型的老师。听过周国彪课的

老师说,他站在讲台上就有一种与众不同的风度。他的课撒得开,纵横自如;收得拢,聚意点睛;登高望远,挥洒自如,使人如沐春风。而周国彪自己说,他记得陶行知的一句教育名言——"教师必须力求长进"。大众是长进很快的,教师必须不断地长进才能教大众。一个不长进的人,不配教人,不能教人,也不高兴教人的。

为实施教育改革,他坚持以教研促教学,认定从改革中求质量、在创新中育人才的路子,先后撰写数十篇高质量教学论文。有不少特约专题文章发表于《北京教育》《北京教学研究》《天津师范大学学报》《光明日报》《现代教育报》《中国日报》《21世纪英语报》及《英语周报》等报刊。其中,《走继承和创新相结合的有效教学之路》在第五届全国中小学英语教学优秀科研成果奖评选活动中,荣获全国优秀论文一等奖;教学论文《英语教学整体改革的思考与实践》获全国优秀论文一等奖,并在《天津师范大学学报》发表;教学论文《高中英语教学中的学法指导》获北京市教育科学研究院优秀论文一等奖;论文《形成性评价与高中英语任务型学习》获北京市优秀论文三等奖。他著作颇多,独立编著了《无敌英语语法》《名师一点通 高中英语》等十余本,共450万字的有影响力的中学英语教学专著。通过讲学、公开课等学术交流方式,他的教学经验与成果得以广泛地向社会辐射。北京市教育部门还专门举办"周国彪英语教学研讨会",系统总结了他的教学思想和教学特色,展示了他的示范观摩课,推动了市、区英语教育改革,在中学外语教育界产生相当影响,受到与会领导、专家的高度肯定。北京诸多新闻媒体都做了报道。

周国彪还带领工作室连续三年编著完成2004年至2006年"全国高考试题评析"丛书。编写完成初一至高三共九册课堂教学《一课三练》辅导丛书,约180余万字,已由延边教育出版社出版,再版四年,直接服务教学一线,受到师生的普遍欢迎。为配合高中新课程改革,为实施选修课程系列Ⅱ、任意选修课之一的"语言知识与技能"课程做好准备,他正在全力组织编撰校本教材《英语语言句子结构诠释与演绎艺术》。

他还多次应邀在辽宁卫视等媒体主讲"怎样学好高中英语"专题节

目。2000年他参加了北京教育考试院英语中考题库的终审工作。2002年他参加并主持全国教育科学"十五"规划重点课题——"课程改革实施中教学方式研究"以及北京市教委立项的"英语学习形成性评价试验"。在全国教育科学"十五"规划重点课题"基础教育课程改革实施中的中小学各科教学方式研究"中学英语学科子课题组中,周国彪英语工作室团队人员作为核心成员组织、参与课题研究工作,并取得了阶段性成果。

三、领路人周国彪

力求长进、思维活跃、对一切新鲜事物感兴趣,周国彪总是开风气之先。在并未要求中学英语课全英语讲授时,周国彪已经这样做了;当英语教育"以学生为主体"的声音还未浮出水面时,他的课堂已然如此。现在他更是以"以学生为主体、以主题为线索、以活动为中心"的教学模式,"严、活、实"的教学风格,"因学论教、教学做合一"的教学理念,形成了自己的一套英语教学理论,并用丰硕的实践成果证明了自己。

于是,周国彪有了追随者,而他也不辞劳苦,做起了带路人。有人说:"周老师带起来的优秀青年教师是做乘法的,不是做加法的。"的确,周国彪较早带起来的英语老师,现在已经开始带自己的团队;周国彪带出来的老师最初只限于一七一中学,后来扩展到本学区乃至学区外的东城学校,现在其他区县也纷纷到周国彪英语工作室来取经。

这个带路者是专注而无私的。周国彪英语工作室成员之一刘雯,提起2004年参加全国英语教学观摩课大赛的经历仍然感动不已:"第一次参加这种比赛,心里一点底都没有。连续两个晚上睡不着,紧张地准备,周老师就一直陪着我,特别认真地帮我研究每一个教学步骤不说,连打印、叫饭这些杂事他也都包了,可是他那时已年近六十了!"说着,刘雯的眼圈红了。"比赛那天站在讲台上,看着台下黑压压的几千人,一下子好像不会教课了。可是,不经意间,我看到周老师正站在舞台斜对面微笑地看着我,那一瞬间,信心仿佛又回来了。一直到我讲完,近一个小时的时间,周老师就那么一直站着看着……"那次比赛,刘雯得了特等奖。她说,荣誉固然重要,但更重要的是从周老师身上学到的东西,这些东西是她一生为师、为人的宝藏。

  这个领路者是敏锐而挑剔的。一七一中学不止一位老师这样说:"他评课与一般的一片赞扬声完全不同,他提的很多问题都很直率、尖锐,而且每一个教学步骤都不放过,甚至连两张幻灯片哪张先出、哪张后出,间隔多久对学生更合适都要提出来。一开始还不适应,感觉难堪,后来才体会出周老师的良苦用心。他是希望大家真正有感悟、有进步。"

  在周国彪的带领下,他所教的学生,历届会考通过率100%、优秀率90%以上;高考连续五届位居东城区第一,北京市前列。在大幅度提高全体学生英语水平的基础上,培养出一大批英语尖子学生和人才。一批又一批学生获国家级、市级等各级英语竞赛一、二、三等奖。他的学生戚悦进入北京语言大学仅一年多,参加第六届"21世纪杯"全国大学生英语演讲比赛,夺得全国第一名。周国彪英语工作室辅导的高中生,代表北京市赴重庆参加第三届"21世纪杯"全国中学生(高中)英语演讲比赛,荣获全国二等奖;周国彪英语工作室辅导的初中生,代表北京市参加在上海举办的第三届"21世纪杯"全国中学生(初中)英语演讲比赛,荣获全国三等奖。学生们的综合语言能力获得大赛中外评委们的充分肯定和积极评价。

  2002年12月,周国彪英语工作室正式成立。他致力于基础英语课程改革的研究及优秀青年骨干教师的培养,成绩斐然。工作室成员刘雯老师辅导学生张依伦、王亦宸荣获2006年"SK状元杯"京津沪高中生英语演讲比赛第一名;2007年辅导张依伦又力克群雄,荣获中央电视台"SK状元杯"全国中学生英语辩论大赛全国总冠军,反响强烈,为北京、为东城赢得了荣誉。

影响力：天天是创造之时，处处是创造之地，人人是创造之人

四、群众代言人周国彪

1998年，周国彪被推选为北京市政协委员。这就意味着，他今后不仅要教好书，而且要肩负人民的重托，积极参政议政，为国家献计出力。"北京市1000多万人口中只有600多个政协委员。政协里面教育界的代表至少得是校长，我作为普通教师，在北京当了两届十年政协委员，是很难得的。所以我要行使好我当委员的责任，要尽自己的能力把工作做好。"

进入政协后，周国彪深感无上光荣，同时也深感肩头责任重大。如何发挥好政协委员的优势，履行职能，建言献策，反映百姓心声，是他无时无刻不在思考的问题，也是他无时无刻不去履行的神圣使命。整整十年的政协生涯，他不图虚名，不辱使命，不负众望，关注教育，关注民生，服务群众，尽职尽责。周国彪的影响力不再局限于教育领域。陆陆续续有各个领域的人主动找到周国彪寻求帮助。周国彪了解民意后，不人云亦云，而是亲自调查研究才会形成议案。例如，有人反映小区公交线路安排不合理，平时开车的周国彪就和大家一起挤车，并且在不同时段，反复乘坐这路公交车，从头坐到尾。并考察相关线路，研究合理线路，写在议案中。在他的努力下，芍药居地区公共交通问题得到了改善，居民进城更方便了；在他的努力下，芍药居地区增设了银行储蓄网点，居民办理银行业务的时间缩短了；在他的努力下，一七一中学校门口有了红绿灯，学生们过马路终于安全了；还是在他的努力下，越来越多的各界人士重视对陶行知教育思想的研究和实践。除此之外，他还提出了空巢老人异地就医及报销、规范物业管理、交通信号灯上增设数字计时显示屏等议案，这些议案也在逐一落实中。

担任市政协委员十年时间里，周国彪学到了新知识，开阔了眼界，拓展了思维，感受颇多，主要有：常树忠言直谏之念；常怀感恩戴德之心；常发殊途同归之感。"职尽责未尽，事了情未了"，政协委员的

任期会有结束,但政协委员的使命和责任没有结束,一届政协委员,一生政协情缘。他铭记着十年政协工作这段"一生中最有意义、最有价值的华彩乐章"。

五、小结:成为陶行知所推崇的"第三种教师"

陶行知认为教师可以分为三种:"第一种只会教书,只会拿一本书要儿童来读它、记它,把那活泼的小孩子做个书架子、字纸篓。先生好像是书架子、字纸篓之制造家,学校好像是书架子、字纸篓的制造厂。第二种先生不是教书,乃是教学生。他所注意的中心点,从书本上移到学生身上来了。不像从前拿学生来配书本,现在他拿书本来配学生了。他不但是要拿书本来配学生,凡是学生需要的,他都拿来给他们。这种办法,果然比第一种好得多,然而学生还是在被动的地位,因为先生不能一生一世跟着学生。热心的先生,固想将他所有的传给学生,然而世界上新理无穷,先生安能尽把天地间的奥妙为学生一齐发明?既然不能与学生一齐发明,那他所能给学生的,也是有限的,还是要学生自己去找出来的。况且事事要先生传授,既有先生,何必又要学生呢?所以专拿现成的材料来教学生,总归还是不妥当的。那么,先生究竟应该怎样子才好?我以为好的先生不是教书,不是教学生,乃是教学生学。"[①] 怎么才能成为第三种教学生学的老师呢?周国彪经过研读陶行知的理论,并结合自身实践,总结出以下三点。

第一,先生的责任不在教,而在教学,而在教学生学。 教学生学的乐趣就在于把教和学结合起来:教师要承担指导的责任,同时也要让学生承担学习的责任。对于一个问题,周国彪没有拿现成的解决方法来教学生,而是教给学生学习方法:让他们在句子中找"媒婆"(介

[①] 陶行知. 教学合一[M]//陶行知. 陶行知全集:第一卷. 成都:四川教育出版社,1991:21.

词）来简化句子结构，在寻找的过程，启发学生寻找英语句式的规律；让他们将死板的文章转化为话剧，在排练过程中，体会英语的发音及独特的表达方式，认识到英语不能自己创造，而在于原汁原味地模仿。在教学生学的过程中，结合了学生的原有经验，引发了师生共同的理想，帮助学生找到了适合自己的学习方法，并且能够利用方法解决问题。最终帮助学生探索知识的本源、寻求知识的归宿。乃至将来学生寻求世间一切真理的时候，这座宝库都是取之不尽、用之不竭的。这就是孟子所说的"自得"，也就是现今教育家所主张的"自动"。所以要想学生自得自动，必先有教学生学的先生。这是教学应该合一的第一个理由。

第二，教的法子必须根据学的法子。从前的教师，只管照自己的意思去教学生；学生的基础和兴趣，一概不顾，专门勉强拿学生来凑他的教法，配他的教材。一来先生收效很少，二来学生苦恼太多，这都是教学不合一的恶果。周国彪在教学中再三强调因材施教、"备课就是备学生"。如果有人认为"老师一本教案就能教一辈子"，那他肯定不是好老师。每届学生不同，基础不同，进度不同，教的法子必须根据学的法子：学得多教得多，学得少教得少；学得快教得快，学得慢教得慢。这样老师才能费力少而成功多：这是教学应该合一的第二个理由。

第三，教师要边教边学，而不是贩卖知识。周国彪从不满足于做"故纸堆"：不会只抓着几本旧教科书，反复放旧唱片。即便是对陶行知的教学做合一的理论，他也是在自己思考的基础上，与自己的教学实践相结合，形成自己的教学理论并不断发展。周国彪从不满足于做"墙头草"，不会人云亦云，哪种教育理论最火，就跟风；哪种教学模式最流行，就模仿。他会关注教育界的新理论与新方法，但都会对其进行深入的理解和思考，并以是否适合自己的学生为检验标准。在教学中始终把学生放在第一位。周国彪从不满足于做"教书匠"，不会只低头教书，他还要经常从繁杂的事务中抽离出来，反思、总结、提升，并将自己的思考以论文和课题研究的方式记录下来。如同柏林大学包尔孙（Paulsen, F.）先生说的："德国大学的教员就是科学家。科学家就是教员。"教师经常研究学问，就能时常找到新理论。周国彪常能感到，做研究也是做先生的一件畅快事情。因为他没有故步自封，在每天的教学过程中都能遇到新问题，引发新思考，找到新方法，写下新文章。这就是孔子说的："学而不厌，诲人不倦。"必定先有学而不厌，然后才能诲人不倦；否则年年照葫芦画瓢，老师终究会觉得枯燥，产生倦怠。所以要想得教育的快乐，就要把教学合而为一。这是教学应该合一的第三个理由。

总之，学生找到学习的方法，老师找到教学的方法，老师和学生都在学习过程中找到乐趣，并受益终身。这就是周国彪一直提倡的教学合一的最大效果。有了这样的好方法，难道有哪位老师不想亲自试一试，在自己的教学中体验一下吗？相信任何一位老师都会从中有所收获，有所领悟。

附 录

附录1：主要社会兼职

1. 第九届、第十届北京市政协委员
2. 中国教育学会外语教学专业委员会委员
3. 中国科协教育专家委员会学术委员
4. 中国科协教育专家委员会基础教育研究部常务理事
5. 北京市教育学会外语教学研究会常务理事
6. 北京市教育学会第七届学术委员会委员
7. 北京市外语学科带头人、兼职教研员
8. 北京市东城区英语名师工作室主持人
9. 北京市及东城区高中课程改革英语学科专家指导组成员
10. 北京市东城区首批学科带头人
11. 北京市东城区外语学会副会长
12. 中国日报社 *21st Century Teens* 编辑顾问
13. 中国人民大学《中学外语教与学》学术编委
14. 北京市陶行知教育思想研究会会员
15. 欧美同学会会员

附录2：部分省部级出版物正式发表的论文、特约撰稿

1. 《实践行知思想、促进教学发展》，《生活教育》，2011（10）
2. 《应用文阅读理解技巧点拨》，《21世纪英文报》，2010-05-24
3. 《高考英语叙事短文写作诠释与演绎》，《21世纪英文报》，2009-05-18
4. 《立于改革、行与教学、成于教育——教语言、教文化、教育人的综合统一》，《北京教育》，2009（2）
5. 《走继承和创新相结合的有效教学之路》，《英语周报》，2007-04-04
6. 《吃透考纲、夯实基础、强化读写》，《21世纪英文报》，2007-08-27
7. 《2006考纲解读》，《现代教育报》，2006-03-14
8. 《2006年全国高考试卷评析》，《21世纪英文报》，2006-07-15
9. 《确立句子意识、关注句子结构和意义》，《现代教育报》，2006-01-10
10. 《高考英语复习先处理好几种关系》，《北京日报》，2005-03-16
11. 《名师评卷》，《现代教育报》，2005-03-08
12. 《五大题型解题技巧》，《现代教育报》，2005-05-31
13. 《英语阅读和高考阅读理解》，《21世纪英文报》，2005-01-10
14. 《高考英语题型解析及解题技巧》，《北京日报》，2005-03-23
15. 《转变观念、转变角色、转变功能》，《探索者的歌——北京市特级教师素质教育报告》，北京市教委编，同心出版社，2002
16. 《英语教学整体改革的思考与实践》，《天津师范大学学报》，

2001（1）

  17.《高考英语与跨世纪英语教学》,《英语周报》,2000-03-15

  18.《如何扩大词汇量》,《北京教育报》,2000-02-28

  19.《英语词汇边学边练》,《北京教育报》,1999-04-12

  20.《跨文化与英语学习》,《北京教育报》,1999-06-07

  21.《克服"汉式英语"》,《北京教育报》,1999-05-10

  22.《浅谈高中英语教学中的学法指导》,《北京教育（普教版）》,1999（6）

  23.《英语课堂教学的艺术与实践》,《从这里起步》（北京市优秀教师教学方法精粹丛书），北京教育出版社,1997

  24.《立足基础熟为本，强化能力广猎文》,《光明日报》,1996-04-23

附录3：部分获奖论文及承担科研课题

1. 担任刘雯老师的教学指导，指导其先后获全国英语课堂教学大赛特等奖、北京市第四届基础教育英语教与学展示优质课一等奖。2008年12月指导青年教师罗君在全国部分省市"聚焦课堂：新课程背景下如何进一步提高课堂教学实效性"研讨会上，以"同课异构"形式所做的观摩课荣获全国一等奖，同时得到各方同行专家的一致好评。

2. 《走继承和创新相结合的有效教学之路》2006年获第五届全国中小学英语教育教学优秀科研成果奖一等奖。

3. 《新标准、新理念、新课堂》2003年获北京市基础教育科学研究优秀论文三等奖。

4. 2003年起担任中共东城区委教工委、东城区教委名师工程——周国彪英语工作室主持人，培养教师骨干，开展教学研究，成绩显著。

5. 《英语教学整体改革的思考与实践》2001年获全国英语素质教育优秀论文奖一等奖。

6. 《浅谈高中英语教学中的学法指导》1999年获北京市教育学会外语教学研究会第十届学术年会优秀论文一等奖。

7. 应聘担任平谷区第六中学英语学科导师、怀柔区第一中学骨干教师的指导教师。

8. 2004—2006年在全国教育科学"十五"规划重点课题"基础教育课程改革实施中的中小学各科教学方式研究"中学英语学科子课题组中作为核心成员参与课题研究工作。

9. 2002年参与教育部重点课题"课程改革实施中教学方式研究"，通过研究确立基本教学理念、基本教学模式，以实施教学目标综合化、教学过程民主化、教学方式多样化、教学技术信息化。

10. 2001年参与北京市级课题"英语教学形成性评价试验"，突出英语学习的人文性和工具性，注重任务型学习、语言的输入量及真实语言实践机会，给学生提供表现自己所知所能的种种机会，充分调动学生学习的积极性，对学生学习行为、学习态度、学习策略以及表现出来的发展潜能和合作精神进行全面综合的开发和评价。

11. 1999年参与全国"JIP"课题，全方位调动学生学习的积极性，大面积参与课堂教学活动，从而让学生由被动"输入"转变为主动"吸入"。

附录4：主要教学著作

1. 《新概念高中英语》，开明出版社，1997
2. 《新概念初中英语》，开明出版社，1997
3. 《北京名师英语教案集》，石油工业出版社，2001
4. 《名师一点通：高中英语》，辽宁教育出版社，1998
5. 《名师一点通：初中英语》，辽宁教育出版社，1998
6. 《无敌高中英语语法》，沈阳出版社，1998
7. 《无敌初中英语语法》，沈阳出版社，1998
8. 《无敌英语语法例解》，沈阳出版社，2000
9. 《无敌英语词汇例解》，沈阳出版社，2000
10. 《无敌英语句型例解》，沈阳出版社，2000
11. 《无敌英语词组例解》，沈阳出版社，2000
12. 《高中英语总复习》，中国社会科学出版社，2000
13. 《高中英语同步辅导（高二下）》，北京大学出版社，1999
14. 《高考反馈导学》，辽宁教育出版社，2001
15. 《高考听霸》，辽宁教育出版社，2000
16. 《高考同步强化 英语》，北京教育出版社，1997
17. 《高中英语（高三全一册）》，中国社会科学出版社，1999
18. 《高中英语（高二上）》，中国社会科学出版社，1999
19. 《高中英语（高二下）》，中国社会科学出版社，1999
20. 《一课三练》人教版同步初一至高三（共九册），延边出版社，2001—2005年连续再版四年
21. 《2005年全国各地英语高考试题评析（15套）》，龙门书局，2005
22. 《2004年全国各地英语高考试题评析（12套）》，龙门书局，2004

附录5：主要荣誉称号

1. 北京市特级教师（2001年，北京市政府、北京市教委、北京市人事局）
2. 全国优秀教师（1995年，国家教委、国家人事部）
3. 北京市优秀教师（1995年，北京市人事局、北京市人民政府文教办、中共北京市教工委、北京市工会）
4. 北京市东城区有突出贡献的优秀知识分子（2002年，中共北京市东城区委、北京市东城区人民政府）
5. 北京市东城区十佳模范教师（1996年，中共东城区委、北京市东城区人民政府）
6. 北京市东城区教育系统优秀教育工作者（2003年，中共东城区委教工委、东城区教委）
7. 北京市东城区优秀教师（1995年，北京市东城区教育局）
8. 北京市东城区优秀工作者（1992年，北京市东城区人民政府）
9. 北京市东城区优秀教育工作者（1992年，北京市东城区教育局）
10. 北京市一七一中学功勋教师（2003—2012年，北京市一七一中学）

出 版 人　所广一
项目统筹　闫　景　谭文明
责任编辑　欧阳国焰
版式设计　贾艳凤
责任校对　贾静芳
责任印制　曲凤玲

图书在版编目（CIP）数据

"教学做合一"的践行者：周国彪教育思想研究/李一飞，王峥著．—北京：教育科学出版社，2014.12
（特级教师研究书系/鱼霞主编）
ISBN 978-7-5041-8609-6

Ⅰ．①教…　Ⅱ．①李…②王…　Ⅲ．①周国彪—教育思想—研究　Ⅳ．①G40-092.7

中国版本图书馆 CIP 数据核字（2014）第 106384 号

特级教师研究书系

"教学做合一"的践行者——周国彪教育思想研究
"JIAO XUE ZUO HEYI" DE JIANXINGZHE——ZHOU GUOBIAO JIAOYU SIXIANG YANJIU

出版发行	教育科学出版社		
社　　址	北京·朝阳区安慧北里安园甲9号	市场部电话	010-64989009
邮　　编	100101	编辑部电话	010-64989527
传　　真	010-64891796	网　　址	http://www.esph.com.cn
经　　销	各地新华书店		
制　　作	北京京鲁创业科贸有限公司		
印　　刷	保定市中画美凯印刷有限公司		
开　　本	169毫米×239毫米　16开	版　　次	2014年12月第1版
印　　张	14.25	印　　次	2014年12月第1次印刷
字　　数	185千	定　　价	36.00元

如有印装质量问题，请到所购图书销售部门联系调换。